VERTICAL LEADERSHIP

KEY TALENT IDENTIFICATION AND DEVELOPMENT

纵向领导力

关键人才识别与发展

冯皓◎著

電子工業出版社
Publishing House of Electronics Industry
北京·BEIJING

图书在版编目（CIP）数据

纵向领导力：关键人才识别与发展 / 冯皓著. —北京：电子工业出版社，2021.9（2026.4 重印）

ISBN 978-7-121-41855-6

Ⅰ. ①纵… Ⅱ. ①冯… Ⅲ. ①领导学 Ⅳ. ①C933

中国版本图书馆 CIP 数据核字（2021）第 175162 号

责任编辑：吴亚芬

印　　刷：北京捷迅佳彩印刷有限公司

装　　订：北京捷迅佳彩印刷有限公司

出版发行：电子工业出版社

北京市海淀区万寿路 173 信箱　　邮编：100036

开　　本：720×1 000　1/16　　印张：12.5　　字数：175 千字

版　　次：2021 年 9 月第 1 版

印　　次：2026 年 4 月第 4 次印刷

定　　价：59.80 元

凡所购买电子工业出版社图书有缺损问题，请向购买书店调换。若书店售缺，请与本社发行部联系，联系及邮购电话：（010）88254888，88258888。

质量投诉请发邮件至 zlts@phei.com.cn，盗版侵权举报请发邮件至 dbqq@phei.com.cn。

本书咨询联系方式：（010）88254199，sjb@phei.com.cn。

对本书的赞誉

进入 21 世纪以来，世界的快速变化使所有的人与组织都面临着从未经历过的复杂性，商业世界的领导者如何在模糊而不确定的世界继续保持优势？领导力的升级几乎成为刚需。这些年，国际管理学界应用自我发展心理学的研究成果，提出了“纵向领导力”的理论。冯皓先生通过对“纵向领导力”理论多年的探究和应用，对领导者如何纵向升级形成了切实而系统的思路。《纵向领导力》这本书不仅有理论上的深度，更有来自一线实践的鲜活例证，以为什么、是什么和如何做的逻辑视角层层解析，说理生动，操作性强，是国内纵向领导力领域的前沿力作。

郝永刚

复旦大学社会心理学研究生导师、

中国社会心理学会整合心理学专委会学术部主任

组织要高效运行，除了自身系统完备，还要适应环境，这是其生存的挑战。而工业时代发挥巨大作用的横向领导力已无法有效应对这样的挑战，现急需新的领导力方法来适应快速迭代的信息时代。这本书以全新的视角，勾勒出更立体、更全面的领导力系统。它基于发展心理学的理论和方法，与管理的实践结合，创新发展人的心智并通过定义九个层次，形成领导力的完整纵向发展体系，这在领导力发展这个领域如一股清流令人耳目一新。同时，作者结合教练对心智发展的实践，找到了“人不能在出现问题的层级上解决问题”的有效方法。

张宏
赢创工业集团全球组织发展顾问

在咨询的生涯中，我常常思考：是什么阻碍了客户战略的落地？是战略方案本身还是我们所谓的客户战略落地的能力？当我把答案探索到人身上的时候，又困惑于是什么影响着人的决策与执行？是我们常规所言的人的特质、动机还是能力？当我看到卢文格的《自我的发展》时，一下子打开了新的天地。发展的类型说既是过程也是结构，很好地阐明了人是社会的成员也是环境的产物，也很好地说明了个体在不同情境下常规能力发挥的差异度受认知发展阶段（个人纵向领导力）的影响。冯皓教练这几年来一直致力于将卢文格的理论应用于实践，在我们共同拥有的高管客户中，我欣喜地发现部分客户在觉察自己发展阶段后有意识发展个人纵向领导力，个人的决策能力得到了大幅提升。这也充分说明了个体是可以觉察个人发展阶段，有效发展纵向领导力，提升个人能力与能力的发挥的。

彭雷
德勤和毕马威前咨询总监

推荐序 1

我任企业人力资源总监（Chief HR Officer，CHO）多年，随着企业快速壮大、新秀涌现，医药行业风起云涌、催生变革。在充满不确定性的环境中，我一直在思考，如何让众多优秀的管理人才与组织共同成长发展，并通过他们的成长发展，创造出更好的企业未来。2016 年，我有幸认识资深管理人才发展专家冯皓先生，他在纵向领导力发展领域进行了广泛深入的实践和探索，手握解开管理人才发展的金钥匙。

冯皓先生对我们的高管团队和高潜管理人才围绕纵向领导力发展项目进行了系统指导。项目让我眼前豁然开朗：身处不确定性的时代，无论是个人还是组织，仅靠横向发展已难应对，我们还需要构建更高维的纵向领导力，才能在不确定性中持续受益和获胜。发展纵向领导力是在思维上觉醒、打破和重构的过程，通过心智模式的改变、认知能力的提升，形成对自己及周边环境的新视角，从而在多变、复杂、不确定、模糊的环境中进行系统思考和决策。冯皓先生的纵向领导力发展项目，有坚实的理论、明确的目标、清晰的路径、生动的案例、有效的方法、实践的练习，在地图指引和教练帮助下知行合一，让每位接触纵向领导力发展的管理者开始真正接近圆融、通透、开放、包容的自己，在纵向维度以一种

“向上而生”的力量快速进化，同时以纵向认知发展带动横向发展，帮助组织和个人实现持续成长和发展，在面对行业剧变时能从容面对。

我一口气读完这本书的初稿，既因文笔流畅、论述精辟，又因内心的共鸣，而有解惑的喜悦。作为纵向领导力发展项目的受益者，相信冯皓先生的著作将帮助到更多人。无论是心怀梦想、潜力无限的你，还是渴望成功、重塑自我的你，或是变革转型、中流砥柱的你，我相信纵向领导力都能助你走上积极、正向、拥抱未来的自我发展之路，并在这个充满不确定性的世界里取得确定的成果。

李洪溢

药友制药副总裁

推荐序 2

认识冯老师时间不长，不过也有几年的时间。彼时初见，他参加我们主办的一次课程研讨会。那时的他，已经走上教练道路有些年份，刚刚开始纵向领导力的探索；而我，从事了很长时间的领导力评鉴与发展工作，正在思索“领导力的提升，除行为外，还有什么”。

充满好奇与布道精神的冯老师，帮助我打开了“领导者的认知提升”这道门，他总能在与人交谈的不同场合，联系上他纵向的理论、发展阶段与角色，常用一句不经意的“你已经开始从运筹者向成就者过渡了”“这就是整合者呀”提醒别人思考。不了解他的人，或许会误以为他已经陷入“知识的诅咒”，而其实不然，只要你愿意提个问题，或是表达不解，他非常乐意用通俗易懂的方式帮助你理解这套理论。他算得上国内研究纵向领导力的最早几位专业人士了，这或许也是一个领域早期探索者该有的姿态。

之后，我也开始业余学习一些纵向领导力，它使我在思考高管发展和提升时有更多的思路和角度，帮助我在设计发展旅程时更好地预估卡点，使我在项目执行时不断回顾反思“到底达成了什么，还需要改善什么”，并在项目设计上植入相应的元素。每每遇到问题时，我总是第一时间联络冯老师答疑解惑。一如他一贯的风格，他从不直面我的问题，而是协助我理解问题的前世今生与全貌，自然，答案也就出现在我自己手中了。

人生在世，找到真爱实属不易，而能在专业道路上找到心之所属，并投入全身心研究、实践、复盘、领悟，还乐于将所思所学所获与我们分享，更属难得。欣闻即将出书，将纵向理论推向更广泛的世界，影响更多的人，帮助更多人从提升认知的角度提升自我，我发自内心地欣喜！

致敬匠人精神！

李慧渊

DDI 大中华区咨询业务前总经理

前言

在人才发展这件事上，大多数组织都做了大量的工作，但结果往往不尽如人意。很多企业的高级管理者认为关于人的发展，特别是关于管理者的发展，是一件比较困难的事，而且有很大的随机性和不确定性。

因此，在实际工作中，很多高级管理者更愿意选择任用而非发展的方式，即选择聘用、提拔或解雇而非发展自己的下属。

在发展管理者的实践中，我们也常常看到管理者们在习得知识性理论时相对容易，而把这些理论转化为自己的应用，并达到组织所期望的结果却是一个漫长、艰难、充满不确性的过程。

在发展管理者的过程中，我们常常会碰到一系列问题，例如：

- ✧ 如何选出高潜力管理人才？
- ✧ 如何有效帮助高潜力管理人才迅速发展自我？
- ✧ 如何帮助高潜力管理人才面对更加复杂、多变且带有不确定性的管理环境？
- ✧ 高潜力管理人才如何在复杂、多变且带有不确定性的管理环境中更好地生存下来，并且带领团队推动组织的可持续发展？
- ✧ 如何有效帮助高潜力管理人才能“知”善“行”，面对环境变化的挑战能够胸有成竹、游刃有余？

人才发展本身就是一项面对无数不确定性的管理活动，我们需要选择、发展、建立一系列确定性，从而帮助组织有计划地培养更多能独当一面的领导者，以推动组织的可持续发展，即在一个具有不确定性的变化的环境中，把人才发展这件不确定的事变得确定。

在多年的人力资源从业经历中，我一直期望为企业的人才发展找到有效的方法，并建立发展的确定性。2015年，我偶然接触到管理教练，直觉告诉我，在这个领域，应该可以找到一些方法和答案。于是，我做出了自己职业生涯中的一个重要决定——转型，投入到管理教练行业中，并希望通过运用教练的方法帮助企业的管理者发展自我，提升领导力，解决在不确定的管理环境中遇到的复杂问题。

然而在中国，管理教练还是一个新兴行业，从理论到实践都来自国外，以至于很多人还不了解这一行业到底是做什么的，更无从知晓其真正的意义和价值。很多管理者把教练划入培训、顾问或心理咨询师的范畴。

做完决定后，两个基本问题摆在了我面前：

- ✧ 如何才能帮助企业管理者更有效地发展？
- ✧ 如何才能为管理者提供可感知的价值，让他们意识到应该发展并能实现发展？

为了回答这两个问题，我对相关理论和实践进行了不断的探索，希望能找到系统而有效的方法和理论，以帮助管理者真正发展自我，实现成长，更有效地面对不确定的管理环境。

经过一番广泛的探索、实践，在深入理解自我发展中的纵向发展理论，并将其与领导力发展实践相结合后，我看到自己正在缓缓推开一扇门——一扇通往纵向领导力发展的门。

纵向领导力发展是以人的自我发展为基础的，它从哲学和心理学的角度整合了自我发展系统理论，为人们的发展指明了方向，明确了路径和方法。它可以有效地应用在管理者的领导力发展中，解决发展管理者时所面临的绝大多数问题。

纵向发展理论虽然很美好，但在现实中，因其理论性太强，难以转化成实践，所以在国内的实践应用比较少，能参考借鉴的应用也有限。但多年的管理实践让我意识到，它的应用价值远未得到应有的发掘，它值得我花时间和精力去深入地实践和探索。

知易行难！

知道和了解纵向发展理论是一回事，实际做起来又是另一回事。从理论到实践的过程中也有太多的不确定性。在沿着前人足迹行进的过程中，我们能找到的纵向发展的理论体系和应用案例主要来自国外，其内容涉及领域宽广，相关文献更是浩如烟海，研究起来困难重重。

本书着眼于管理者的实践，从管理者的自我发展入手，一方面厘清纵向领导力发展的背后理论，另一方面为管理者如何将这些理论有效地应用于复杂而不确定的管理场景提供参考，并解决实际的管理问题。

本书重点回答三个问题：谁在什么时候需要发展纵向领导力？纵向领导力发展的路径是什么？如何才能发展纵向领导力？

本书试图帮助大家从一个更全面、更系统的视角来看待和理解纵向领导力发展这件事，为我们的发展建立确定性；同时，通过书中的案例学习和练习实践，我们可以从知行合一的角度尝试去发展自己。

本书既是一本经验的总结探索，又是一本指导自我纵向发展的工具书。它适合那些面临复杂变化的、不确定的管理环境的管理者，也适合探索自我发展的专业人士及爱好者，同时是一本普通大众了解认知转型、发展领导力的参考书。

在这里要特别感谢深圳望岳管理咨询有限公司，是它让我有机会深入接触到纵向领导力发展的相关理论，并在实践中给予支持；同时还要感谢第一批参与纵向领导力发展的朋友们，是他们本着对我的信任和理解，在没有任何实践先例的情况下，愿意参与到纵向领导力发展的实践探索中，这也是推动我持续而深入地探索纵向领导力发展的重要动力来源。

此外，在本书中，我希望将这些参与者的部分发展轨迹清晰地呈现出来，以期能够帮助更多人持续发展和成长，在这个充满不确定性的世界里取得确定的成果。

阅读提醒：本书因涉及大量专有词汇和概念，所以当你开始阅读正文之前请务必阅读本书的导读，以对本书所涉及的理论概念有初步的了解。习惯先从基本理论读起的读者可以先读本书导读和第 2 篇，然后再读第 1 篇和第 3 篇；对实践应用感兴趣的读者可以先读本书导读和第 1 篇；对发展方法论感兴趣的读者可以先读本书导读和第 3 篇，然后再读其他章节。

冯　皓

目录

第 2 篇　纵向领导力发展地图

第 3 篇　突破纵向领导力发展瓶颈

导读

在全球经济发展越来越快的今天，每个企业的管理者都希望自己拥有卓越的领导力，带领员工、团队、组织走向更大的成功。为此，很多管理者都希望能通过不断的学习、培训来提升自己的领导力，但很多时候都收效甚微。

企业为了培养未来的管理者也是费尽了心思，投入了大量的时间、人力、财力去培训、发展领导者，但到了关键时刻（如企业发展加速或转型升级），企业仍然觉得无人可用。这种对发展结果的无力感，使企业不再对培训抱有期待，尤其当资金紧张或业务繁忙时，企业会减少培训和发展领导者的经费和日程安排。

一位人力资源部门负责人与我一起探讨领导力发展困境的问题时，提出了两个很有代表性的困惑：一是关于领导力的发展工具、方法很多，但为何在实际应用中往往起不到显著的作用；二是运用领导力测评工具能找到问题，但为何解决不了发展的问题。

这两个困惑也是大多数企业实施领导力发展项目时经常遇到的。坦率地说，关于领导力发展这件事，如果方向没找对，只追求具体的方法，再多的努力都可能白费。同时，很多企业只是由外而内地输入工具、方法，而没有系统地将它们转化为具体的应用，在这种情况下，要实现管理者的转变，可能性很小。

那从自我发展的角度来看，我们如何才能让这些管理者发生根本的改变，并更好地适应未来变化的环境呢？

从人的自我发展理论来看，管理者的发展从两个维度展开：横向发展和纵向发展。

横向发展，即知识、工具、经验、方法和技能的增加。这个维度解决的是人与环境如何互动的问题，即人如何有效地影响环境。人的自我发展都是从横向开始的。例如，我们从小开始识字，识字之后开始逐渐了解一些概念，掌握一些理论。横向发展能让我们知道这个世界是什么、有什么、能怎么办。横向发展是我们认识世界的起点。

纵向发展是指心智模式的改变和认知能力的提升，即我们从什么视角去看待自己及周边的环境。这就像我们在自己的身体之外安了一部摄像机，通过它，我们可以观察自己和周边的环境，并在这个过程中快速地做出各种判断，以调整自己的心理状态及与外界环境的互动。

纵向发展解决的是人如何认识自己和世界的问题。这是一种元认知，它会体现在行为和能力上。这种元认知是有阶段且渐次发展的（即发展的类型说）。每个阶段都有一套理解这个世界并与之互动的逻辑，即心智模式。

人的自我发展就是横向与纵向的全面发展，如图 1 所示。

面对未来的多变性、复杂性、不确定性和模糊性，发展管理者的领导力至关重要。但是，如果只是发展管理者的横向能力，而无法使他们在纵向上得到发展，就无法培养他们更全面、更长远的认知眼光，从而无法带领员工、团队、组织实现可持续发展。

因此，对管理者来说，纵向认知发展带动横向发展是领导力发展的一条清晰、有效的路径。

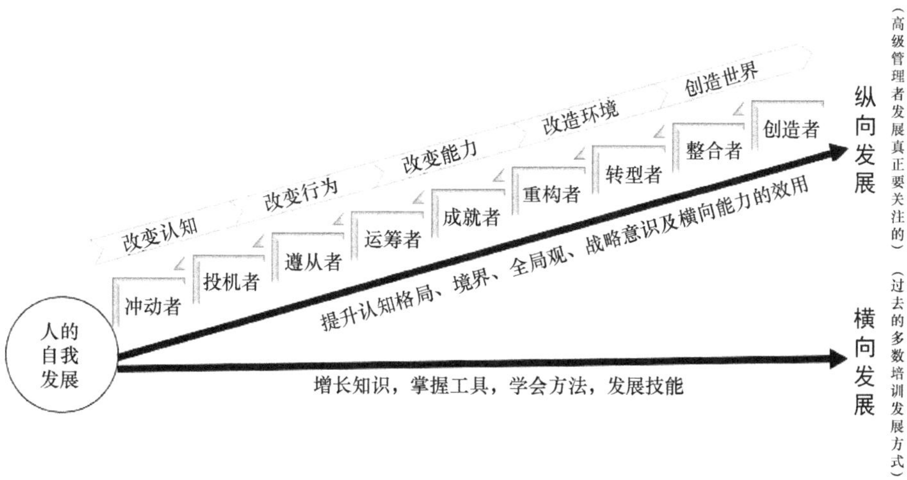

图 1 人的自我发展

本书基于自我发展理论中发展的类型说，提炼出了纵向领导力发展与高管教练融合的独特体系。

为了方便读者阅读，此处将本书涉及的一些基本概念做了以下澄清。

自我发展：对人的发展的总称，这是一个持续向前、螺旋式上升的过程。本书特指成人的自我发展，包括横向发展和纵向发展两个维度。纵向发展与横向发展交错在一起，通过量变和质变，共同促成我们向前、向上螺旋式上升。

纵向发展：特指认知模式的发展，与心智模式相关。纵向发展的每个阶段都有一套具有本阶段特征的心智模式，本书介绍了由简单到复杂的九类心智模式，即纵向发展的九个阶段。纵向发展就是通过有效的方法，促使人们不断发展出更复杂的心智模式。在这个过程中体现的是认知能力由简单到复杂、由单一到多元的变化。纵向发展属于元认知层面的发展。

横向发展：特指知识、方法、技能等与环境互动能力相关的要素发展，属于基本认知内容和认知对象层面的发展。

纵向领导力发展：重点发展两个维度，一是更高阶段的心智模式，即层级性；

二是在不同阶段之间进行灵活的切换，以产生更有效的行动，即流动性。

上述几个基本概念与人类的发展之间的关系如图 2 所示。

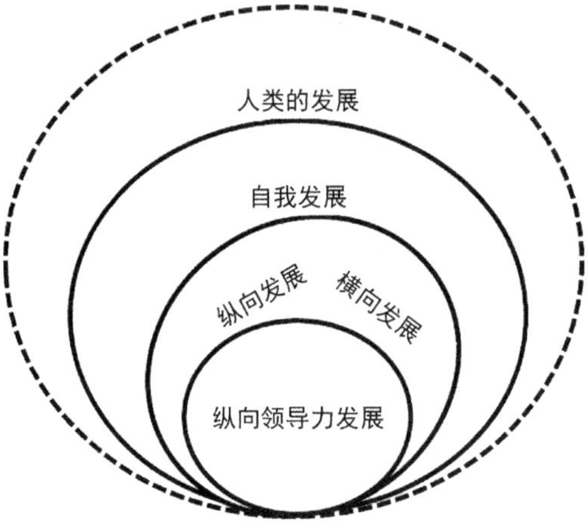

图 2　几个基本概念与人类的发展之间的关系

纵向领导力：是指基于纵向认知发展不同阶段的心智模式产生对同一事情的不同看法，并能站在更高的纵向发展阶段去理解，主动调整自己的行为、采取更有效行动的能力。这种能力的影响力随着纵向发展阶段的提升而由浅入深，由单一到多元，最终展示出与领导力相关的行为和结果，如设定目标、影响并激励众人奋力达成目标。

纵向领导力教练：将纵向发展理论与领导力发展相结合，并运用教练的方式帮助他人发展纵向领导力的教练。

认知能力：指人脑加工、存储和提取信息的能力，即智力，如观察力、记忆力、想象力等。

心智模式：根植于人们心中，影响人们如何理解这个世界（包括理解自己、他人、组织和整个世界）及如何采取行动的诸多假设、成见、逻辑、规则，甚至图像、印象等。

领导者：在组织中，面对复杂、变化且不确定的环境，需主动生成目标并创造条件产生结果的决策者。他们需要设定目标、激励人心、做出决策、有效达成。他们有可能不是最高决策者，但他们一定是需要做出对企业发展有重大影响的决策的人，他们更多地关注战略发展层面的问题。他们一般在组织中担任高级别管理职务，所以也可以称他们为高级管理者。

管理者：在组织中，能在既定的目标和资源条件下，有效配置资源（人也是资源之一），取得最大成果的人。他们更偏重高效执行，更多地关注战术执行层面的问题。

公司、企业、组织：如文中无特别说明，这三个名词都是指商业性组织。

第1篇

纵向领导力发展适合谁

导　言

当我打算开始写这本书时，有位朋友问我：纵向领导力发展适合所有人吗？我的回答是肯定的——纵向领导力发展适合所有人！因为纵向领导力发展从根本上说是人的自我发展，所以只要是想获得自我发展的人都适合纵向领导力发展。

在纵向领导力发展的过程中，我们通过认知的发展、心智的改变去转变对世界的看法，形成对世界更加完整、丰富、系统的理解，并与之有效互动，从而让自己的人生更加精彩。这就是通常所说的“我们无法增加生命的长度，但可以增加生命的厚度”。纵向领导力发展可以让我们在短暂的人生中看到更加丰富的可能性，甚至走向自我实现。

但是，坦率地说，不是所有人都需要发展纵向领导力。

因为纵向发展水平与我们所处的环境有关。当所处的环境不需要我们拥有更高、更复杂的认知能力和心智模式，并且我们当前的横向能力足以应对当下所面临的问题时，我们的纵向发展水平就可能停在某一阶段，展现出这个阶段的领导力水平。

就像我们的父辈，他们中有很多人一辈子待在一个单位，现实环境不需要他们去面对复杂的问题，也不需要复杂的心智模式，他们只需要把手头的事做好即可。因此，他们不需要更高的纵向发展水平，也没有必要提升自己的纵向领导力水平。也许这种简单的生活会很平淡，但对他们来说，这种充满确定性和稳定性的生活可能就是他们所追求的。

因此，单纯地讨论纵向领导力发展阶段是不是越高越好是没有意义的。我们只有将发展对象放在其所处的真实环境中来看，才知道他应该处在哪个纵向领导力发展阶段并展现出该阶段的领导力特征，从容地与环境互动，并实现内在的意图，这样纵向领导力发展才更具有现实意义。

到达超越现实需要的纵向领导力发展阶段，对个人而言是一种有益的追求；但完全脱离现实需要的纵向领导力发展可能会让人进入一种虚幻的形而上的世界，就如学了屠龙之技，但无龙可屠。

另外，纵向领导力发展是个人主动选择的结果，是个人的一种内在追求，每个人都可以或者有权利选择不发展。纵向领导力发展的层级越高，也不一定就更幸福，发展级别与人的幸福指数不一定成正比。纵向领导力发展阶段越高，产生影响的时间就越长远，空间范围就越大，影响的人就越多，波及的面也越大，随之而来的责任也越重大。

因此，纵向领导力发展过程可能会给我们带来一定的不适感，严重的话还有可能让我们感到痛苦，一种在发展过程中不断适应和改变的痛苦。当然，这些都是纵向领导力发展过程中必然经历的，也是人在适应环境的过程中改变自我所必须经历的。

那么，什么人需要提升自己的纵向领导力发展阶段呢？

接下来就让我们一起来聊一聊这个话题。

第1章 企业中需要发展纵向领导力的三类人

在企业中，有三类人非常有必要发展自己的纵向领导力，而且应把自己的纵向领导力变成领导和影响他人的重要部分，并在现实工作中展示出来，最终产生企业所需要的结果，以体现领导的有效性。

第一类人：企业的高潜力管理人才

对于企业未来的领导团队，我们需要特别关注反映其认知能力和心智模式的纵向领导力水平，而非横向的知识、能力和经验。

当然，这里不是说就不考虑横向能力的发展了，而是在现有横向发展的基础之上，需要更加关注纵向领导力的发展。这是关乎企业人才发展、领导者更替、企业未来可持续发展的重要问题。

企业之所以能够长期发展，是因为一代又一代领导者的传承。这就像跑接力赛一样：当上一任领导者退休或放下手中的接力棒时，会不断有新的接任者前赴后继，再创辉煌。当有些人跑得不太理想时，如果下一个接棒人很优秀，完全有可能力挽狂澜，改变企业的发展态势。

接任者的心智发展水平和纵向领导力水平决定了企业未来发展的状态和竞

争的结果，因为接任者的纵向领导力发展阶段直接决定了他们对企业及自身所面临环境的认知、看法，也决定了他们将采取的行动和企业可能取得的商业结果。一个人心目中认知的世界是怎样的，他就会把这个世界改造成心目中的样子。

对每任领导者而言，最重要的任务之一就是发现企业中的高潜力管理者并培养他们，使他们符合企业未来发展的需要，成为企业未来的领导者，在企业需要奋起直追的时候，他们能持棒超越。

随着企业不断发展壮大，一般都会进入更广阔的发展领域，同时拥有更多的机会和发展的可能性。这时就需要更多优秀的高级管理者发挥领导力去整合更多的资源，牢牢抓住这些新的机会，使这些机会成为企业发展新的增长点，从而推动企业不断成长壮大，在竞争中立于不败之地。与此同时，企业中一任又一任优秀的领导者也保证了企业的可持续发展。

21 世纪最珍贵的是什么？人才！

只有人才，才能看到复杂、变化的环境中的机会；才能抓住机会，将有限的资源放大成企业的经营成果；才能使企业得以生存并实现可持续发展。

因此，真正关注可持续发展的企业都在不停地寻找并培养未来的领导者。大多数情况下，寻找未来领导者的基本逻辑是：这个人过去的种种表现表明他可能胜任未来的领导岗位。

在这种逻辑下，那些过去在企业发展过程中建功立业的人就会被密切关注，因为组织一般会认为既然这些人过去能产生优秀的业绩，那未来一定能再创佳绩。这些人一般会被纳入各种培养计划，这些计划除了帮助他们更好地应对当下的业务发展，还要发展他们应对未来更加复杂的商业环境的能力。这些人在企业中一般被称为“领导者的高潜力人才群体”，他们经验丰富，甚至身居高位。他们被企业寄予厚望，也是企业的未来。

以业绩为导向是我们挑选基层管理者的常用方式。而在挑选领导者时，我们会加入经验和情商两个维度的测试。这里面的问题在于，经验都代表着过去，而领导者需要面对的是未来；情商可以被测评和观察，但作为一种特质，很难被发展。

针对这群决定了企业未来的高潜力人才群体，企业中通行的做法是依据组织发展战略及对未来发展场景的假设，构建未来所需要的领导者的画像和能力素质模型，根据这些要求安排人才发展计划。但值得注意的是，绝大多数人才发展计划都是发展横向层面的知识、方法、能力。

例如，常见的人才发展方式有读 MBA。这种方式能让学习者很快建立对管理的系统认知。很多高级管理者读完 MBA，除了系统地了解了一些管理的常识，掌握了一些企业管理的方法，拿到了一个有一定公信力的文凭，还结交了一群业界新朋友。当他们回到企业管理的实践中，可能多了一些工具和方法，但对问题的认知很难产生根本性的变化。

还有其他一些人才发展方式，如学案例、学先进、学标杆。学习者可以通过案例训练自己分析问题、解决问题的能力；或者配备一名经验丰富的更高级别的管理者辅导他们以传承优秀的经验；或者去学习标杆企业的经验。这些方法可以很快地提升学习者当下的业务能力，对初级管理者比较有效。但高级管理者更需要的是对未来业务的深入理解，对企业未来发展的理解，对未来发展的主导权，对创新的开放性，这些都不是靠经验就能解决的。

有位企业家朋友说："我花了大量的时间和金钱去培养我所看重的第二代领导者，但我发现这个过程太慢、太难。我尝试了很多培养方式，效果都不理想。有些人刚培养出来就流失了，特别是那些读了 MBA 的，当他们有学历、有经验，又有了新的人脉圈后，就有了更高的议价能力。他们学成归来不是积极运用所学知识来发展业务，反而更喜欢跟我叫板。人才的缺失，特别是高级管理人才的缺失，会让我感到很焦虑。”

领导者的培养确实比较难，这是我们面临的实际情况。但我们不可否认，绝大多数经过有计划的培养的管理者，在领导能力和认知方面或多或少都会有一些提升。毕竟，培养总比不培养要好一些。但是，在实际培养过程中，管理者的成长和发展速度往往很难满足企业发展的需要和老板的预期。

这是为什么呢？

我们先来看看企业中这些未来的领导人才是怎样被选出来的。

你可以回想一下，你所在的企业中，那些管理者都是怎样脱颖而出的，或者你又是怎样一级一级升上来的。

从实践来看，被提拔成为领导者的先决条件是业绩表现突出，即先看业绩和成果。当我们需要从一群管理者中提拔一位时，大多数情况下，我们首先会看他们当前或过去的业绩如何，这样我们才会对他胜任未来更重要的工作岗位更有信心。

大多数情况下，我们可能会演绎以下这样一个决策过程。

先列出一个备选人员名单，看完他们的个人资料并结合自己对他们的印象，然后心里说：

“嗯，这个不错，只是年纪大了点，岁月不饶人，多少也得给年轻人留点机会。”

“嗯，那个不错，只是年纪太小，冲劲强加上运气好，所以升职快，但可持续性要打个大问号，现在提拔上来有点早了，风险有点大。”

“嗯，这个业绩不错，年纪也合适，看经历也符合未来业务发展的要求，可脾气不好，情绪管理做得不到位，单干还可以，提拔上来估计带不了团队。”

“嗯，这里还有一个，业绩还可以，年龄和经验也适中，工作积极性也挺高，测评结果也符合公司发展的需要，也没太明显的性格缺陷，只是缺乏带大团队的经验，可以先让他培训一下，再试试带小团队，作为后备力量重点培养。就先定这个吧，我让人力资源部马上做个培养计划。”

以上选人的决策过程大家或多或少都经历过，实际的决策过程可能更漫长、更复杂（这与企业规模及岗位的重要性有关）。

接下来，我们再来看看未来领导者候选人将面临什么样的环境。

企业选择未来领导者的方式一般有两种。

一种是公开的方式。相马更赛马，为所有候选人提供基本相同的培养条件，一段时间后对他们的表现及结果做出综合评估，最终做出人事决策。这种方式的优点在于看起来公平、公正、公开。但大家为了在竞争中获胜，可能会产生内耗，且机会成本较高。因此，这种方式更适合组织容量大的规模化企业。而规模较小的企业一共也没多少人，本身业务机会就有限，资源也有限甚至匮乏，不具备采用这种方式的现实环境基础。

另一种是不公开的方式。列出高潜力人员名单，暗中培养和观察。但企业中的任何风吹草动都会很快被全员知晓，这可能导致企业内部出现站队、竞争、冲突，甚至出现严重的公司政治。尤其是在大型企业中，这样做可能会提升公司政治的复杂度，增加不必要的管理成本。因此，在大规模企业中不适合这种方式。

但不管哪种方式，对被确定为未来领导者的候选人来说，其所要面临的环境只会更加复杂，压力也会更大。

我们再接着看看企业对这些候选人的要求是什么。

对企业而言，这些候选人未来是要接任重要岗位的，他们被企业寄予了太多的期望，因此会受到企业的高度关注，他们的一言一行都会被企业放大。从最功利和最现实的角度来看，企业选出这些候选人，是希望他们能带来业务的增长和业绩的提升；从长远来看，是希望他们成为领导者，能带领企业实现可持续发展。

与此同时，那些需要做出人才决策的高级管理者也在反复思考两个问题：候选人到底能不能胜任？候选人何时才能完全接任期望的岗位？

在这个时候，企业、企业中的用人决策者、候选人会不自觉地特别关注横向能力的展示情况和结果，这些都会集中体现在业绩上，从而造成用人的短视，大概率的结果是提拔那些横向能力很强的“投机者”，因为唯业绩论很容易让追求短期利益的投机者脱颖而出。这些人会把他们过去“成功的经验”复制到未来的工作中去，更加急功近利。有些职业经理人为了实现短期利益，会在短期内用投机者的方式快速消耗企业的资源，迅速拉升业绩，这可能对企业长期的可持续发展带来灾难性的后果。

在企业的期望、个体的自我发展、业绩的呈现等多方压力下，如何在确保企业的生存和可持续发展的前提下，确保管理行为不变形，确保领导的有效性，这是对未来领导者的重要考验。

领导者候选人过去有成功的经验，但这并不能确保他能有效地面对未来的岗位和环境；未来环境的变化性和不确定性对即将被提拔的管理者提出了新的要求；企业对被提拔的管理者又有特别的期望。这三者交织在一起形成了一股高速旋转的风暴，而被卷入其中的管理者则处于一种焦虑、压抑的高压氛围之下。

在这种状态下，如何才能确保个人的发展和企业的意图得以实现呢？

让我们来看一个案例。

某民营制药公司，拥有 20 多年的发展历史，生产、研发、销售体系完整，有良好的发展基础，现在面临激烈的市场竞争，正处于一种逆水行舟的状态，不进则退。该公司所处的行业发展即将进入一个窗口期，但留给公司的时间不多，如果达不到业绩增长目标，公司就有可能掉队，而掉队意味着公司基本在行业内的上下游产业链上失去主动权，甚至可能出现危及发展的最坏情况。该公司刚刚提出了新的战略目标，并调整了组织架构，现急需提拔新的领导者，以配合公司的发展。这时，有一个重要人选 A 进入了总经理和人力资源部的视野。

A，男性，38 岁，专业技术出身，16 年工作经验，职业经历中有过三次跳槽，前两段经历是在外资企业，最高做到研发部高级经理，之后进入本公司，从研发副总监做起，现担任研发总监。A 专业能力强，工作意愿高，但人际互动能力相对弱一些，经常发脾气或闷着不作声，喜欢自己埋头苦干。同事们反映其人很善良、简单，只是情绪控制能力弱，不太好相处。

鉴于 A 过去良好的职业经历和他在当前岗位上的出色表现，公司拟提升他为分管技术研发、生产和售后板块的副总经理。在提拔前，公司先由人力资源部组织了一次领导力测评，发现 A 在分析和解决问题的能力方面分值较高，在团队管理、跨专业沟通、决策及灵活性方面分值较低。通过 360° 反馈，A 本人及其上司、平级、下属都认为测评结果与其实际表现基本吻合。

看着人力资源部的报告，总经理还是有些犹豫。A 在当前的专业岗位上表现突出，但公司业务持续扩大，急需一个能将研发、生产、售后整合起来的主管人员。这个人除了要领导这三个板块的团队，还要能把这三个板块与市场、销售有效配合从而实现公司既定的业务增长目标。从报告上看，此人胜任当前的研发总监岗位，至于是否能胜任未来分管技术的副总经理岗位，则充满了不确定性，而未来公司所需要的这个岗位人选又很关键，目前暂时也找不到比他更适合的人选。如果要选用他，只有安排一次培训，先弥补一下他在团队管理和沟通方面的短板。

A 的这种情况，在实际的人才任用中很常见，每个候选人总有不尽如人意之处。于是，我们通常会缺什么补什么，照着测评结果抓“药方”。测评结果显示团队管理方面分值低，就上团队管理培训课程；跨专业沟通分值低，就去学沟通课；决策力方面也有专门的课程；至于灵活性，这是一种特质，可以被观察，很难被改变。作为用人决策者，只能把自己认为能保证候选人胜任的事——测评、培训都做了。如果还不行，那就只能看运气了。

有些高级管理者在面临 A 这种情况时，可能采用一种鸵鸟策略，即先提拔了再说，遇到问题再解决。这种策略对被提拔者和组织来说，机会成本都很高。

然而，从自我发展理论来看，要提高 A 胜任的可能性，有明确的方法可用。具体可以从以下两个方面出发。

第一，运用纵向发展阶段测评。看 A 的纵向发展阶段是否与未来需要胜任的岗位相匹配。如果匹配度太低，勉强的任用只会带来更大的问题。如果只是相差一个阶段，则可以通过纵向领导力发展来解决。同时，纵向发展阶段的测评也可以帮助识别当下管理中面临的问题发生的原因。比如说，团队管理和沟通这类问题很有可能是因为个人处于运筹者阶段（纵向领导力发展的第 4 阶段），不提升纵向发展水平，只培训横向的工具、方法和技能是无法改变一个人在管理场景中的行为的。

在实践中，我们发现，对高级管理者来说，纵向发展阶段与其所要面临的管理环境的复杂程度有很大的相关性。

也就是说，如果 A 的纵向领导力水平不够，那就不大可能胜任新岗位。

第二，提升纵向领导力发展阶段。发展纵向领导力水平，并带动横向能力的发展。对于 A，如果他的纵向领导力发展阶段与其即将担任的副总经理一职需要的阶段相差不大，我们可以采用“纵向认知发展带动横向能力提升”的方式来提高他胜任的可能性，即通过纵向发展看到其自我的局限性，接下来有针对性地发展具体的团队管理、跨专业沟通、决策力这类横向能力，从而提升其领导力水平，这可能是更好的选择。

接下来，我们再具体看看如何更有效地发展 A 以使其适应新的副总经理岗位。

A 年富力强，职业生涯正处于上升期。新的升职机会很容易被他接受，甚至成为他进一步发展的推动力。A 本人也比较重视这样的机会，从而产生自我发展的意愿。

注意，对个人的自我发展而言，发展的意愿是第一要素。没有这个前提，那些只是单一地叠加横向知识、方法、技能的发展计划最终都将失败，因为人们无法吸收和转化这些强加给他们的发展计划。只有本人有发展的意愿，再配上合适的发展计划，才有可能事半功倍。

A 过去有良好的履历，受过一定的横向职业训练，在当前的岗位上表现突出。从管理者的自我发展角度来看，初级管理者需要先发展横向能力，然后发展纵向领导力。

需要注意的是，人是先有横向发展，再有纵向发展。就像孩子出生后要先对这个世界有基本的概念，然后才谈得上如何更加深入地认识这个世界。我们从小要先学讲话、认字，学会基本的概念，慢慢形成知识结构，逐渐认识到这个世界是怎样构成的，再学习如何应用相关知识和方法，从而与这个世界产生更加良性的互动。没有基本的横向的知识、方法、技能，就无法运用它们，认知也自然无从谈起。

A 以过去的实际表现赢得了同事和上级的信任，从而获得了这次提拔的机会。作为基层管理者，只要做好分内的事即可。但副总经理这一重要的岗位对企业的未来发展至关重要，这种岗位的人员任用对企业来说有巨大的机会成本。万一失败或出了问题，不是撤职就能弥补得了的，它将使企业丧失发展机会，而成功的机会可能只有一次。因此，对企业来说，这是一个只可成功不可失败的任用选择。

当然，对候选人来说，其在企业内的任职经历所形成的信任也是非常重要的任用条件。但是，只有纵向领导力发展与横向发展双重保险的发展计划，才有可能最大限度地降低这次任用选择的风险。

再来看A所处的环境。A所处的企业有迫切的需求，需要能胜任副总经理岗位的人。这样的人光有熟练的技能是不够的，还需要有更广阔的视角、更具前瞻性的理念、更加灵活有效的行动。如果企业没有需求，A就无从发展自己的能力。例如，当企业发展陷于停滞时，所有的资源都会围绕业务增长来配置，以确保企业的生存，而培训和发展的预算立刻就会被砍掉。因此，个人发展的前提是企业有需求。

关于环境还有一点需要特别说明。如果企业发展的环境相对稳定，则只需要进一步加强A的横向能力即可，尤其是执行能力——听话、照做，而且做到。

当组织发展环境发生剧烈的变动时，各方因素都处于高速动态变化中，此时可能更需要发展纵向领导力，需要能独当一面的高级管理者发展出更复杂的心智模式。在这个发展过程中，我们要帮助高级管理者超越既有经验的认知，主动拥抱变化，在变化中找到突破点，并为企业的生存和发展创造可能性和机会。坦率地说，未来随着科技的进步，企业面临的发展环境的变化只会更快、更复杂，几十年如一日的稳定状态早已成为过去。

迅速变化的环境带来了更多的不确定性，同时也带来了纵向领导力的训练机会。我们可以通过案例来学习经验，但必须通过处理实际的问题让经验变成成果。纵向发展的成果需要在实际的工作场景中去检验，所以变化的环境就是纵向领导力最好的发展土壤，在工作中发展纵向领导力是一条绝佳的路径。

根据 A 所呈现出来的特征，他在纵向领导力发展水平上可能处于运筹者阶段（纵向领导力发展的第 4 阶段）。

A 要想胜任公司给他提供的新岗位，关键是要将自己发展到成就者层面（纵向领导力发展的第 5 阶段）。只有这样，他才有可能从根本上改变自己对团队管理、跨专业沟通和决策力的理解，同时站在纵向领导力发展的更高阶段看到自己当下的局限性及发展的可能性，从而产生内在的发展动力。然后通过纵向发展地图，看到发展的希望和方向。最后辅以相关横向知识、方法和能力的训练。

这样，A 在面对未来新岗位的挑战时，才可能更加胸有成竹。如果一味地用旧经验、老观念解决新问题，在新的岗位上失败的可能性会比较大！

第二类人：变革或转型中的中流砥柱

当企业面临重大变革或转型的时候，对于其中的关键人员，可能需要先提高其纵向领导力水平，至少发展到成就者阶段（纵向领导力发展的第 5 阶段）及以上，这样变革或转型的成功率才可能更高。

张总之前在一家公司销售部门任职，基于自己的兴趣爱好，他开发了一款专利产品，起初只是觉得好玩，找人代工后在淘宝上开了一家店来卖，没想到销量非常好，于是他辞职了，自己开了公司，规模越来越大，甚至收购了代工厂。然而，看起来一路高歌猛进的公司最近却让张总很心烦。

在别人看来，公司快速发展，规模不断扩大，一路向好；但张总看到的是产品营收增长开始变缓，每个月的财务报表形成的增长曲线越来越平，甚至已有下滑的趋势；客户要求越来越高，客服部门成本急剧增加；竞争对手的产品服务迭代升级越来越快，竞争越来越激烈；成本越来越高，现金流越来越紧，偶尔还会出现等着客户付款发工资的情况；公司最近还接二连三地收到优秀员工的辞职信；团队中开始出现一股散漫之气，员工上班期间拿着手机打游戏的现象也屡禁不止。看着这些，张总有一种深深的无力感。

好好的一家公司怎么变成这样了？

企业是一个有生命的动态生存系统，这个系统在与周边环境的互动中得以生存和发展。它不断吸收环境里的养分，排出系统中不需要的部分，慢慢长大。企业在发展的过程中还可能经历内在肌体的病变，也可能经历外界残酷恶劣的环境。

管理大师伊查克《企业生命周期》一书中提出：“企业实际上就像生物体一样，都有生命周期。在企业生命的每个阶段，抗争和经历风雨都是正常的事，在向下一个阶段发展时，企业也会面临转型问题。”他在给企业担任顾问期间，发现企业有自己的周期性发展规律，如同人要经历生、老、病、死一般。

对生的渴望让每个企业都不愿走向老、病、死，都希望自己“青春永驻”。相比人类通过运动、保健、美容来让自己更健康、有活力，企业则更希望通过一次次变革或转型让自己重新焕发活力，或者发展新的业务领域，找到新的生存机会。

在前面的案例中，张总的公司就是到了一个转型的窗口期。变革或转型不仅是为了解决当前的问题，更重要的是为了获得未来生存和发展的机会，这对企业来说既是一个改变，又是企业进入下一个发展阶段的关键转型。

对张总而言，从企业生命周期的角度来看，他的公司面临的是青年期向壮年期的转型。就像我们过了 18 岁，就要像一个真正的成年人那样面对这个世界，而成年人与未成年人对同一个世界的理解和应对方式可能是完全不同的。青年期只需要发展到运筹者阶段就足以解决企业的生存问题，而到了壮年期可能就需要发展到成就者阶段才能更加游刃有余。

因此，只要企业还在发展，就会不断朝着企业生命周期中的下一阶段变革或转型。

但企业常常面临的是“变革是找死，不变革是等死”的现实。变革在企业中常常是一个不得不谈又无法去谈的话题。从现实来看，其实单纯地谈论是否变革已经没有太大的意义。对当今的企业来说，不是想不想变革的问题，而是环境时刻在变化，企业必须选择如何变化从而适应环境，生存下去。

多数的变革都以失败告终！据麦肯锡咨询公司的不完全统计，变革的失败率在 70%以上。

为什么变革的失败率会这么高？

因为这个世界变化得太快，变革过程中的一点点闪失都会被迅速放大，就像高速行驶的列车，一颗松动的螺丝钉都会造成车毁人亡。同时，领导变革的是人，面对变革过程中的复杂变化，难免犯一些小小的错误，而这些错误在迅速变化的企业竞争环境中会被迅速放大，一个小小的错误就可能带来严重的后果。

领导与变革领域的权威约翰·科特在《领导变革》一书中说道：“关键在于理解组织为什么会抵制其所需的变革；采取何种步骤来克服组织中致命的惰性；最重要的是，要在维持良性的内部关系的前提下推动这一过程，领导力比好的管理要重要得多。”

这里面有两个关键词：“理解组织”和“领导力”。这实际上涵盖了组织变革中最重要的两个方面：如何看明白组织，如何有效推动组织变革。

理解组织是指我们如何看待当前的组织。这里面不仅包括对组织现状的理解，还包括对组织未来发展趋势的理解。组织现在是什么样的？处于什么状态？这种状态是良性的还是恶性的？它呈现出一种什么趋势？是什么造成了这种趋势的出现？我们希望的状态及状态发展的趋势是什么？是什么在影响组织朝向我们所期望的状态转变?

对组织的理解一方面需要大量的横向管理学方面的知识做支撑，如系统科学、商业模式、战略管理、财务管理、人力资源管理这些基础的知识；另一方面需要有一定的纵向认知模式做支撑，不同认知模式的人对同样的现象有着不同的诠释，从而造成对组织理解的差异。

纵向领导力发展阶段不同，对组织理解的差异非常大，因为在不同的纵向领导力发展阶段，人们看到的组织是完全不同的。不同的领导者在组织发展上的根本分歧也源自于此，即纵向领导力发展阶段不同会产生视角差异。这种差异将直接导致不同的行动选择。例如，面对新冠肺炎疫情，我们把它视为一场灾难还是一次提高全民健康意识的机会，将对我们接下来采取的应对措施产生巨大的影响。

在前面的案例中，张总所面临的问题是所有企业在发展过程中都可能遇到的。企业的发展是一个动态的过程。对张总而言，他在不同的纵向领导力发展阶段对企业发展过程中所呈现的现象会产生不同的理解。

如果处于遵从者阶段（纵向领导力发展的第 3 阶段），可能他会对比一下同行中别的企业是不是也这样。如果所有企业都这样，他可能就认命了：大家都差不多，这可能是普遍现象，我再怎么努力也无法摆脱。

如果处于运筹者阶段，他可能会去分析每个现象产生的原因，并想办法予以解决。但最后可能发现问题是解决不完的，企业在发展、变化，不断地产生各种新的问题。旧的问题还没解决完，新的问题又出现了。

如果处于成就者阶段，他可能更聚焦于自己想实现的目标，如扩大市场占有率、提高利润率、提高营收、提升企业竞争力，并围绕这些短期或相对长期的目标展开行动。至于过程中遇到的问题，从发展的角度来解决。对影响企业发展的问题重点解决，没必要把有限的资源投入到无关大局的问题上。

如果处于重构者阶段（纵向领导力发展的第 6 阶段），他可能更加重视未来的愿景和当前问题带来的机会。危机、危机，危险中总有机会，危险和机会就像硬币的两个面，我们大多数人从问题中看到的是危险和不利面。而重构者关注的是，危险中可能蕴含的机会是什么，以及如何利用好这个机会，使其成为实现未来目标的推动力。

对处于更高阶段的转型者（纵向领导力发展的第 7 阶段）来说，所有的问题都是系统发展过程中的必然现象。这些现象带有历史的必然性和现实的偶然性。关键在于这些现象将影响哪些系统，以及如何影响这些系统未来的发展趋势。转型者更关心可以做些什么让自己所关注的系统朝着其所期望的趋势发生变化。

以上简单描述了从遵从者到转型者这几个不同纵向领导力发展阶段对张总当前企业所面临状况的认知和理解。不同纵向领导力发展阶段的人对同一现象的理解重点完全不同，关注的焦点也不同。

因此，一个人对组织的理解，特别是其所处的纵向领导力的发展阶段，直接决定了他在组织变革中的关注方向和选择的方式。如果组织变革的主导者在方向和方式的选择上出了问题，组织变革从一开始就注定会失败！

领导力是指我们如何发挥主导作用去影响众人，有效推动变革，实现组织意图，并让组织最终走向我们所期望的那种状态。组织变革不是说只要理解组织，了解组织的过去、现在、未来就可以了。组织变革最难的地方在于如何去经历一个充满不确定性的过程。在这个过程中，我们的领导者需要具备坚定的目标、鼓舞人心的激励、克服困难的勇气、灵活有效的策略和行动。

纵向领导力不仅是“知”，看我们是否能理解和看明白企业当前的状况；更重要的是“行”，看我们是否能主动采取灵活有效的策略让组织朝着期望的方向发展。纵向领导力发展就是以纵向领导力发展阶段为指引，将“知”与“行”有效结合，变成一种领导力行为，去帮助组织获得成功。

管理解决的是系统标准问题和效率问题；领导力解决的是系统趋势问题和效能问题。因此，在组织变革过程中更需要领导力发挥作用，去改变趋势。在组织形成新的发展迹象之后，我们再用管理的手段巩固成果。

在组织变革中，最难的不是理解变革的要素、流程和方法，而是在变革过程中如何展示出领导力去改变组织的发展趋势问题。通俗地说就是，道理很容易懂，关键在于，当出现问题时，我们身在其中能不能解决问题，改变趋势。

为什么我们在变革开始时都意气风发，指点江山，变革结束时也能虚心地总结成败，偏偏在变革过程中最需要展示领导力的时候却常常忘乎所以，依然只凭本能做事呢？

要回答这个问题，就不得不提到心智模式。心智模式是根植于我们内心深处，影响我们如何理解这个世界（包括理解自己、他人、组织和整个世界），以及如何采取行动的诸多假设、成见。不同的心智模式决定了人们理解和对待这个世界的不同方式。每个人在面对新问题、新情况时因心智模式不同，其理解完全不一样，做法也会不同。

当组织平稳运行时，需要的是管理能力；当组织需要发展时，面对各种变化，需要的是领导力。当组织在发展中需要变革时，面对各种不确定的新情况，每个人的心智模式就展现出来了。平时工作时，我们可以按部就班，循序渐进；当面临重大变革时，我们则需要力挽狂澜，高处着眼，低处着手。

在变化的、不确定的发展环境中，如何在变革的压力下保持灵活性，如何在变革的不确定性中保持稳定性，这就非常考验个人的领导力水平了。

处于不同的纵向领导力发展阶段的领导者，在面对实际问题时的灵活性差异是非常大的。与运筹者阶段呈现出来的“杠精”相比，成就者阶段的领导者更容易呈现“白猫黑猫，逮住老鼠就是好猫”的实用主义导向。成就者阶段的领导者出现对“灰度”的容忍和运用，从而展现出灵活性；同时，纵向领导力发展阶段更高的人会更加灵活地选取比自身发展阶段更低的各阶段特征来应对当下的环境，用更加灵活的策略去影响环境，推动组织发展。例如，一个成就者阶段的领导者可能很容易使用冲动者阶段（纵向领导力发展的第 1 阶段）“强烈的情绪反应”这一特征来推动组织发展。

如果你看过《亮剑》这部电视剧，就更容易理解成就者如何影响环境。这部电视剧中的主人公李云龙是一个比较典型的成就者。

要在组织变革中发挥领导力，仅学习变革管理或领导力的横向知识远远不够，更重要的是提升认知能力，改变心智模式，发展纵向领导力，并灵活应对变革过程中出现的各种意外，因为变革中出现的各种不确定的意外情况太多了。

综上所述，在组织变革时，认知能力的差异将带来对组织当前和未来趋势理解的差异，以及心智模式的差异。

我们首先要通过纵向领导力发展地图（见第 4 章）明白这种差异，再通过纵向领导力发展弥补这种差异（至少负责组织变革的关键人员是如此）。关于这么做的必要性，我们再来看一个案例。

某国有研发机构已有 50 余年的历史，主要做研发设计，在行业中有相当高的地位，现面临改制，未来将全面市场化。其主要负责人 B 认为这将是一个重新启航、自我发展的好机会，按他的话说就是：“我们将开启一个新的世界！”

那么问题来了！

首先是员工们对未来的变化充满了恐惧而不是期望。当然也有一小部分人觉得有些改变还是有必要的。但对大多数员工来说，改制意味着原有的“铁饭碗”

没有了，以后得靠自己的本事吃饭，未来充满了不确定性。

其次是对未来没有明确的概念。大家对于未来是好是坏没有明确的想法，也说不清楚；对未来的发展路径也不清晰，更不知如何走出眼前的迷雾。

最后，大家已习惯了以前的管理模式，现在新的管理模式还未确定，大家也不知道该怎么做，并心存疑虑。

面对当前的变化，负责推动变革的几位主要管理者 B、C 和 D 有不同的想法。

对 B 来说，这次变革有其偶然性，也有其必然性。说偶然是因为这次改革时间刚好和相关文件的发布时间重合，不改制也得改制；说必然是因为“大锅饭”和“铁饭碗”会随着行业的发展逐渐成为过去式，要想在一个行业中长期生存，“等、靠、要”毕竟不是长久之计，迟早要走向市场化。接下来需要考虑的是怎么去利用好这个机会，发展自己，并按照这个行业本身的发展规律去实现自己的专业梦想。从某种角度来看，这也是人生中难得的机会。

而对 C 和 D 来说，这简直就是给本来就已烦琐的工作增加负担。本来业务上的事就一大堆，现在又要转型，不仅要处理原来的事务，还要处理很多新事务、新问题。过去依靠国有体系，大家只需要做好手头上的工作就可以了，现在需要负责更多管理和组织发展的工作，而且有很多东西需要重新学习和理解。此外，管理方式也要转型，这对个人而言挑战很大。

总之，这次是遇到麻烦了。

随着时间的推移，改制转型一步步推进。B 看到的更多的是希望和可能性，一切都朝着自己预期的方向推进，转型过程中产生的问题也都还能接受。对于过程中出现的问题，B 也持开放态度，只要不影响整体进程，能解决的解决，解决不了的都暂时先放在一边。

但负责执行的 C 和 D 却随着转型的推动，压力越来越大。因为具体问题越来越多，解决了一个，又冒出来一个，问题似乎永远没有尽头；原来业务上的问题还没有解决，现在管理上的问题又冒出来了；新的制度还没有完全建立，团队中的人心也不稳，新的业务机会还要想法拿到，还必须保证交付结果，还有关系到组织存亡的现金流……

以上这些情况，我们在企业变革或转型中常常会遇到。那从纵向领导力发展的角度，我们又是怎么看待这些问题的呢？

首先是关于认知和心智模式。如果看不明白企业的变革或转型，就很难有好的结果。B、C 和 D 是如何认知这场变革的？从 B 的角度来看，这是一个机会，一个实现专业梦想的机会。而对 C 和 D 来讲，这可能确实如 B 所言是一个机会，但他们更多地看到的是管理中的现实问题。

面对即将来临的变革，有人看到的是未来，有人看到的是一系列问题。但每个人都是从自己的认知角度理解这场变革，并以自己的方式去推动它。如果没有一个一致性的理解，最后的结果就是大家都按自己的理解和方式去做，三个人可能会有七种意见、八种做法。最后的结果可想而知。

面对变革，首先需要理解各主要负责人是从什么角度来认知这件事的。他们各自的纵向领导力发展处在什么阶段，他们需要达到什么阶段才更容易看到变革过程中的复杂变化，并对当前所面临的问题达成共同的理解。

简单来说，首先需要从纵向的视角去理解每个人在变革中所呈现的认知状态，共同确定完成变革所需要的认知状态。然后大家在共同的纵向发展地图的指引下，共同推动变革。大家只有视角一致、理解一致，才有可能行为导向一致，共同推动变革的顺利进行。

其次，仅有理解上的一致不足以完成变革，更重要的是在面对变革过程中出现的新情况时所展示出来的领导力。对纵向领导力发展而言，除了理解不同发展阶段的心智模式的特征，还需要在实际的环境中展现出这种理解，并能运用最合适的方式去影响环境，推动变革的顺利进行。

在纵向领导力发展地图中，发展到更高阶段的人更容易理解和运用初级阶段的做法，并主动根据环境和当下事件的需要灵活选择使用。例如，上面案例中的B，当他处于成就者阶段时，更关注目标的实现。在实际推动变革时，他会根据当前情境的需要主动调整到专家运筹者阶段，向大家摆事实、讲道理，以理服人；他也可能调整到冲动者阶段，拍桌子骂人以扼制负面情况出现的苗头。

总之，纵向领导力发展阶段越高，就越能展现出更加灵活的领导风格以有效促进变革目标的实现。而这种展现不是因为环境压力所致的本能反应，而是主动调适与环境互动的选择结果。

因此，纵向领导力发展阶段更高的管理者更容易成为变革中的中流砥柱，在变化的新环境中看得更明白，做得更有效。

对那些发展到更高认知阶段的，内心充满实现意图的渴望并灵活采取行动的业务领导者（以 CEO 为主）来说，只有当他们认识到认知上的差异性，站在纵向领导力发展的更高阶段理解变革，并展示灵活有效的领导力行为时，才可能在面临新的变化时展示出更多的智慧和能力，从而变革成功的概率也可能更高。

变革成不成功，从主导者的纵向领导力发展阶段就可以做一个初步的判断。纵向领导力发展阶段在成就者以下的主导者在引领变革时，失败的可能性很大。

此外，还有以下几类人的纵向发展阶段也会影响变革，让我们一起来看一看。

首先是顾问。

顾问的作用在于利用其已有的经验和方法帮助我们厘清变革或转型的思路，建立整体视角框架，并提供已发生的经验或案例让我们参考（注意不是参照）。顾问本身有一套自己的认知逻辑和局限性。大多数顾问很容易在纵向领导力发展的运筹者阶段陷入专业主义陷阱，而且顾问无法真正对组织的真实状态感同身受。就像我们在遇到困难时，再好的朋友也无法真正理解我们正在经历的一切。顾问做再多次调研也无法替代 CEO 每天的开会、签字审批，以及对组织的真切理解和感受。

因此，不是说把变革或转型作为一个咨询项目交给顾问、专家，然后等着结果就行了，事实上也很难指望顾问成为组织变革或转型中的流砥柱。但是，选择一个纵向领导力水平处于成就者及以上阶段的顾问，将更有效地推动组织的变革或转型。至少这类顾问会根据组织的现实情况，想尽一切办法去实现最初的变革或转型目标。

其次是人力资源管理者。

从企业价值链来看，人力资源作为职能部门，在价值创造过程中更多的是起辅助作用。但随着社会的发展，以及中国劳动力红利的消失，人的因素在组织发展中的作用日益凸显，所以大家开始越来越重视人力资源。

另外，人力资源部门因其工作性质而沉淀了大量的遵从规则或秉承专业视角却缺乏灵活性的专业人士，也就是说，人力资源部门聚集着大量的遵从者和运筹者。在组织的变革或转型中，人力资源部门实际上扮演的更多的是组织召集、过程反馈、结果获取的过程管理部门这一角色。当然，有些资深的人力资源从业者过去可能是顾问，他们的变革或转型思维框架、方法和经验是有借鉴意义的。但这些是否能在组织变革或转型中发挥积极作用，还是要看其纵向领导力发展阶段，这将直接影响他们对变革或转型思维框架、方法和经验的选择。

因此，识别并提升人力资源部门领导者的纵向领导力发展阶段对有效推动组织变革是必要的。如果发现人力资源部门领导者未达到成就者及以上纵向领导力发展阶段，那就不要把他们视为组织变革或转型的主导者，只要求他们在变革中尽力做好配合就可以了。

最后是参与组织变革的员工。

很多企业都在提“要让听得见炮火的人做决策”。当有明确的愿景和战略方向支撑，以及有稳定有序的组织体系保障时，当然可以放心授权一线员工做决定。但在现实中，很多企业面临的情况是：一没有强大的保障体系，二缺乏协同训练，三缺乏高效的指挥体系，四缺乏领导力。一线员工大多数只能以自己想当然的方式参与组织变革，并在无效或低效的行动中很快陷入绝望。

在组织的变革或转型中，一线员工起到的主要是推动和反馈作用，至于对变革或转型的整体布局，对战略的把握，对发展阶段及现阶段任务和行动策略的制定，仍由核心管理团队主导。当然，如果在组织变革或转型中用成就者（变革或转型有效性所需的最低发展阶段）阶段去塑造员工的心智模式，对有效推动组织变革也是有必要的。至少此时的员工会成为变革的一股推动力，而非阻力。

引领组织的变革或转型不仅需要方案，更需要能力、智慧和勇气，而这些都需要达到更高的纵向领导力发展阶段才可能呈现出来。因此，提升组织变革或转型中主导者的纵向领导力发展水平，让他们展现出高瞻远瞩、灵活有效的领导行为，是组织变革或转型成功的关键。

同时，关注变革或转型中其他相关人员的纵向领导力发展阶段，并引领他们站在纵向领导力发展的更高阶段理解变革或转型，积极有效地推动变革或转型，也是变革或转型成功的重要保证。

第三类人：困境中的新人

当企业中的关键管理者被提拔到新岗位时，面对角色的转变可能需要先提升其纵向领导力发展水平，这样他才可能更快地适应新岗位上更加复杂的管理环境，从而提高其任职的有效性，降低企业和个人的机会成本。对高级管理者来说，纵向领导力发展水平达到成就者或重构者阶段，对企业的生存和可持续发展将带来更加积极的影响。

前文提到的某制药公司的 A 处于待提拔晋升的阶段，至少还有一段到岗准备期可以提升其纵向领导力发展阶段。

而对那些已经提拔到岗位上的领导者来说，他们不得不面对纷至沓来的各种意外状况，他们处在相对陌生的新角色和新环境中。面对不断出现的新情况，人们会本能地启动自身的心理防御系统，想建立一个防护罩来保护自己。这种自我保护性越强，与外界环境的互动能力就越弱，自己就越容易陷入困境，所以我们称这类人为“困境中的新人”。这里说的困境中的新人特指已提拔到新管理岗位的领导者，而不是通常意义上的新员工。

这些新提拔的领导者为什么会处于这样的状态？

原因可能有很多，这里不得不提一下彼得原理：“在一个等级制度中，每个员工都趋向于上升到他所不能胜任的职位。”

彼得原理说明了这样一个事实：员工会因其在原来岗位上业绩突出而被提拔到更高一级职位；如果他能胜任，则会再次被提拔，直到一个他无法胜任的岗位。

现实情况也是如此。企业在发展，每个业绩突出的个体都可能被提拔，直到他能承受的极限。所以，我们不是因为胜任而被提拔，而是先被提拔了再谈胜任。这一原理最后造成的结果是企业中的每个职位都可能被不能胜任的员工占据，大多数工作都是由不能胜任的员工完成的。对大多数领导者来说，都可能在当前的岗位上有一种“高处不胜寒”的感受，而对新提拔的领导者来说更是如履薄冰。

曾有一位地产公司的总经理跟我谈到过这个现象。他在回顾自己被提拔的过程时，对彼得原理深有感触。他的经历是这样的：大学毕业后就在公司担任土建工程师，因为他善于交际、办事得力，慢慢被提拔做现场管理，这个阶段也还应付得过来。那几年公司发展快，项目经理紧缺，因此他很快就被提拔起来独立管理项目。这时他发现以前那点聪明劲就不够用了，要面对的人开始发生变化，事情的复杂性也越来越大，陌生的东西越来越多，做起来也越来越力不从心。但还好，毕竟他工程师出身，懂施工，所以现场管得好，营销业绩也可圈可点，一切还算过得去。直到有一天 CEO 找他谈话，想调他到另一个区域做区域总经理。虽然他感觉自己的能力还不足以胜任这一职位，但这样的机会很难得，当然必须把握。在担任区域总经理的第二周，他就发现这活不好干了，以前自己用来应付公司的套路都被手下的项目经理用得烂熟，而他变成了被套路的对象。自己由原来的进攻者突然变成了现在的防守者，“老司机”现在遇到了新情况，心里很抓狂。但既然晋升到了这个职位，当然是能留任就留任，所以他硬挺着，虽然工作中跌跌撞撞，但一路还是走过来了，现在还升到了总经理职位，而这过程中的艰辛只有他自己知道。

回过头来想一下自己，当你被委以新的职位，第一天去上班时会是什么样的心情？当然，可能有很多不同的背景情况，如临危受命、被委以重任，或者是平级调迁。不管怎么说，领导者都将在一种新的环境或状态下，开始一段有一定的确定性或者说更多的是不确定性的旅程。如果是你，这时候你的感受是什么样的？

在一次纵向领导力发展的团队教练中，有位学员是这样表达他第一次到新岗位工作时的感受的：“就像飞机把我空投到热带丛林的某个角落，落地之后我看到的是完全陌生的环境，虽然过去也学过一些关于丛林生存的知识，但看着比人还高的草丛，听着远处传来的某种动物的低吼声，感受着湿热的空气，我的汗毛都竖了起来，下意识地紧紧抓住手中的刀，警惕地看着周围，随时准备搏斗。”

这位学员用了一个隐喻来表达他当时的感受，我们新到一个岗位又何尝不是这样呢？无论我们过去有多辉煌，但面对新的环境，我们只是一个新人，如何走出丛林，完成自己的任务，对我们来说是一个巨大的挑战。

随着在新的管理岗位上工作日久，面对更大的管理范围或新的工作任务，挑战和不确定性越来越多。我们会发现，过去成功的经验在新的环境下常常不再有效。新上司的工作方式需要进一步适应，下属们也不像以前那样好指挥，他们也在观望。领导者也不确定哪些人可以成为“自己人”，团队内部新的信任关系需要进一步确认。在这种情况下，大多数人选择的策略是尽快了解情况，努力加班加点完成任务，所以初到新岗位，人们常常异常繁忙，身心疲惫。

那么从纵向领导力发展的角度，我们又如何看待这种状况呢？

对新晋领导者来说，面对更加复杂、不确定的新环境，需要与之相匹配的纵向领导力发展水平。纵向领导力发展是一个心智模式由简单到复杂的过程，在我们还能够应付当前环境时，是不需要提升自己的心智复杂程度的。换言之，当我们还能在当下的环境中得心应手时，说明我们的纵向领导力发展水平与环境是相匹配的，这时候不一定需要优先发展纵向领导力。从这个角度来说，并不是每个人都需要发展纵向领导力。但当我们被提拔之后，所面临的环境变得更加复杂，就有可能打破纵向领导力发展水平与环境的平衡关系，就需要发展出更加复杂的心智模式，提升我们的纵向领导力发展水平，从而与更加复杂的环境相匹配。

打个比方，以前我们的工作只是打打字，用 Windows 95 操作系统就可以满足了。现在需要配图片、声音、视频来展示工作内容，复杂程度提高了，就需要能处理更加复杂的文件的新操作系统。

发展纵向领导力水平与升级操作系统类似。事实上，从彼得原理来看，在组织中，每个人都需要不断升级自己的“操作系统”以尽快满足新岗位的需要（如果你觉得自己在当前岗位上干得很轻松，说明你应该被委以重任）。升级操作系统可能只需要一小时，但升级人的纵向领导力发展水平可能需要半年以上甚至更久。

通常情况下，人的发展速度是严重滞后于环境变化速度的，如果事先没有准备，在提拔到新的领导岗位后，在满足岗位基本职责要求的情况下，需要优先发展纵向领导力，以快速适应岗位并超越岗位的要求。

接下来我们看一个案例，当事人 E 在被提拔之后加入了纵向领导力发展项目，让我们看一看纵向领导力发展在他的新岗位上发挥了怎样的作用。

E 今年 35 岁，大学毕业后就进入一家合资中型设备制造公司，并在人力资源部门任职至今，其工作深得 CEO 赏识。公司所在行业技术壁垒较高，产品供应于特定客户，利润也相对较高。但随着更多的竞争者进入，公司的盈利压力越来越大。公司近期开始收购一些重要的配件企业，希望向产业链的前端延伸。随着收购范围的扩大，派出去参与收购的人手越来越有限。因 E 所在职能部门参与了江苏一家配件企业的前期尽职调查及谈判，E 在这一过程中表现突出，所以 CEO 想给他一个机会。于是在收购完成后，就由 E 出任这家配件企业的副总经理，分管销售及职能部门。正当 E 前去赴任时，公司启动了纵向领导力发展项目，E 的名字也在项目名单中。

E 所面临的情况是，他过去从未独立管理过一个完整的职能部门（虽然也领导过总部人力资源部门下的一些任务小组），对销售更是接触甚少，而这次总部只派了三个人去配件企业完成并购后的整合工作。E 未来要管理的销售及职能部门的员工全部都是原配件企业的员工。

从 E 的职业发展来看，这是一次绝佳的机会：一是有机会独立负责一个部门；

二是可以更多地接触业务，这意味着今后有更大的发展空间。但对 E 来说，这也是一个巨大的挑战，因为他要独立管理一个完全陌生的部门，还要踏足自己完全不熟悉的销售管理领域。虽然压力很大，但 E 希望能把握好这个机会，为未来的职业发展创造更好的条件。

E 面临的情况可能比大多数管理者被提拔后所面临的情况更复杂和艰难一些，因为他同时要面对不熟悉的下属和新的业务领域，还肩负着并购后整合的重任。

面对这样的情况，你会怎么办？

大多数领导者会立刻想到要先要“搞定人”，并学习和了解新的销售业务。“搞定人”的手段可能包括找下属谈话、考察（验）下属，在新收购的企业中寻找同盟者，搞好关系，赢得信任；学习和了解新的销售业务可以从了解销售流程和关键点开始，积极向内外部销售管理者请教方法，获取经验。

以上工作要不要做？当然要做，而且必须做，因为以上工作是横向发展的基础工作。但只做这些是不够的，如果能加入纵向发展的视角和方法，可能会更好地抓住这次晋升机会。那我们就一起从纵向发展的视角和方法来看一看 E 该怎么办。

首先，对 E 来说，要想清楚做什么、为什么做，以及要做成什么样。

这三个问题比马上去做更重要。对高级管理者来说，想清楚要做什么比做了什么更重要。要想应对当前的情况，E 至少要从成就者的视角首先看到自己的目标和期望的结果，至于达成这些目标和结果的策略和方法，都是随时可以调整的。

其次，当前面临的情况可能是过去管理经历中未曾经历的。过去的经验、方法，哪些适用于当前的情况，哪些需要调整，都需要跳出原来的经验视角去判断，否则很可能陷入刻舟求剑的境地。因此，我们需要超越过去的纵向领导力发展阶段，从更加全面和长远的视角来看待当下的问题，才不至于依赖原有的经验来解决所有的新问题。在这个过程中我们可能需要发展出更加复杂的心智模式来应对当前的复杂环境。

最后，在运用成就者阶段的视角看明白现状的前提下，不断发展自己的灵活性，积极调整自己的行动策略，尝试自己不熟悉的新方法，而不是固守旧习惯。如果我们习惯的工具是锤子，往往会把一切事物都看成钉子，什么都用锤子砸，这就可能砸坏玻璃杯。我们可以试着放下手中的锤子，尝试使用更多的工具。

事实上，E 在新岗位上干得还不错，纵向领导力发展水平提升得也很快，他在很短的时间里，就学会了用更高的纵向领导力发展阶段的视角和方法解决实际的业务问题。在一次对话中，他高兴地告诉我，因为运用了比成就者还高的重构者阶段的视角和方法，客户很容易就接受了他的条件。同时，客户还很高兴地反馈说 E 帮助他打开了思路，因为他以前从没想过博弈双方还能共同应对第三方而实现共赢。

企业在高速发展期及剧烈的变革期都会产生大量的职位变动。即便没有这些外在环境的变化，每个人随着自己的职业发展也会发生工作的变动，调动、升迁是常事。越是发展迅速的企业，人事变动越频繁，留给领导者的准备时间也越少，这导致每位升职后的管理者都不得不在实践中学习，如同在战争中学习战争，在战斗中发展自我。如果在这个过程中拥有了纵向领导力发展地图，并以此为指引，领导者将在发展的过程中少走很多弯路。

本章我们谈了企业中最需要发展纵向领导力的三类人，他们可能在企业员工中占比很少，不会超过总人数的 5%，但他们是影响企业生存和发展的最重要的群体，也是纵向领导力能真正发挥作用的三个群体。对一个企业而言，这不超过5%的关键人群决定着整个企业的走向和命运。

他们的认知、格局和心智模式，决定了他们将如何看待周边的人和事，决定了他们将采用何种方式与周边的人和事互动，也决定了企业可能得到的结果。

我们未来的策略可以是：投资那些高潜力人才，让他们成为企业可持续发展的生力军；发展那些引领组织变革的中流砥柱，让他们带领组织一路向前，绕过急流险滩；关注那些岗位或职责发生变化的重要人员，让他们尽快投入到企业发展过程中并做出贡献。

当有人问我企业中谁更适合发展纵向领导力时，我的回答是：决定你企业未来发展的那 5%（甚至更少）的关键人员。他们是那些即将被提拔，或者刚被提拔，又或者需要独当一面、引领组织未来发展的领导者。

第 2 章 需要发展纵向领导力的两类个体

在第 1 章我们谈了对企业发展有重大影响的三类人，他们是需要企业主动关注的，那其他人呢？那些没有被企业关注的人是不是就没必要或不可能发展纵向领导力了呢？

答案是否定的。正如前文所说，每个人都可以发展纵向领导力。每个人都有自我发展、实现自我的愿望。由于种种原因，很多人可能还没有进入企业管理高层，没有成为高潜力人才后备，也没有成为企业关注和发展的重点；自己也没有力挽狂澜、引领变革的机会，甚至升迁都遥遥无期。那对这些人来说，纵向领导力发展还有意义吗？

我的回答是：有！

因为纵向领导力发展是一个发展自我、改变环境，甚至重塑对世界的认知和理解的过程；也是一个自我与周边环境双向改变和发展的过程。自我的发展会影响环境的变化，环境的变化又将影响自我的发展。周边的环境既包含物质世界，也包含社会的文化环境。当自我的发展带动社会文化的发展时，个体就是在推动群体的发展，推动人类社会的发展，这种发展在达到“圣人级”的整合者阶段（纵向领导力发展的第 8 阶段）之后尤其明显。事实上不是每个人都能成为圣人，但我们可以通过自己的纵向领导力发展去重新理解自己和周边的环境，用自己的意图去影响和改造身边的环境，在这个过程中既发展了自我，又可以迈向实现自我的人生终极目标。

但并不是所有人都有意愿发展自我。一要看本人是否认为有必要；二是在发展自我的过程中要投入精力和经历痛苦，这也会影响每个人对发展自我的必要性的认识。

我们尊重每个人的发展意愿，并不是每个人都想改变自己，改造世界。特别是当自我的纵向领导力发展阶段与当前环境匹配时，个体不会有太强的自我发展意愿。我也反复强调不是每个人都有必要发展自我，以及发展出更复杂的心智。没有需要应对的复杂环境而片面地发展纵向领导力，就像买了高配的电脑系统却只用于打字，这也是一种浪费。当然，如果这是一种个人追求，那就另当别论了。

从个体的角度来看，以下两类人更适合发展纵向领导力。

第一类：为环境所迫——想拿回主动权的人

第 1 章的三类人是在企业中需要发展纵向领导力的群体。他们都是在企业的特定情境下，因角色需要而必须发展纵向领导力的人。

如果放大到更大的人类群体中，当我们无法应对身边的环境时，当我们无法应对更加复杂的变化时，我们可能需要检视一下自己的纵向领导力发展阶段，并提升自己的纵向领导力发展水平！

达尔文在《物种起源》一书中写道："只有最敏捷、最狡猾的狼才能获得最好的生存机会，因而被保存和被选择下来了。另一方面，弱小病残的鹿最易成为狼的佳肴，结果最敏捷的鹿被保存和被选择下来了。"达尔文认为物种是自然选择的结果。

我们每个人现实的生存状态也是自然选择的结果。环境在不以人的意志为转移的方式运行着，适者生存。这让我想到发生在我母亲身上的一件事。

我母亲现在已经退休，居住在我所在的城市。前几天她让我推荐一款智能手机。当时我觉得很奇怪，之前我一直说把她的“老人机”换成大屏幕智能手机，她不要，觉得操作太复杂，嫌麻烦，为什么现在又主动让我给她推荐智能手机呢？详细一问才明白，原来我母亲属于异地领取退休金，每年6月左右，原籍民政部门就会打个电话问候她一下，核实一下她近期的状况，了解一下本人是否还健在。但是今年她接到电话时被告知，以后民政部门不会再打电话了。现在全部实行网上验证，需要本人下载App注册后每年6月自行网上验证。若未验证，会影响下一年度的退休金发放，而且其他的福利查询和办理也都在App上进行。所以她现在不得不换一部智能手机来办理相关手续。

环境在不断变化，如果人不随着环境变化调整自己，慢慢地就会与环境“不兼容”，最终被淘汰。但从人性的角度来看，我们其实不太愿意被改变。因为习惯是过去适应环境形成的稳定结果，习惯会减少大脑的能耗，如早晨起来刷牙、洗脸，这些事是不需要思考的，它们已经形成自动化行为，说得通俗一点，就是不需要我们太费精力就能做好的事，这样我们才能腾出注意力和精力去做更多更重要的事。

我们的习惯会从自身延伸到周边的环境。例如，我们与熟悉的人共事；周末去看望老人；快过节了，要安排好出行，等等。习惯给我们的生活带来了确定性和安全感。一切都将如期发生，这是多么好的感觉！慢慢地，这种确定而安全的感觉就为我们打造了一个舒适圈，随着时间的推移，我们待在自己的舒适圈里，对外界环境的变化越来越不敏感，适应环境的主动性和行动力越来越弱，慢慢地会丧失与变化的环境互动的能力。说到这里，是不是有一种“温水煮青蛙”的感觉？

当我们丧失了这种与环境互动的能力时，可能会遇到这么一天：上级通知说公司快经营不下去了，你被裁员了……被动离开工作岗位也属于一种重大的环境变化，可能只有在这种环境变化的压力之下，我们才会真正重新检视自己与环境之间的关系，而这时候我们才发现环境真的变化太大了（十年都没换过工作的朋友应该对此体会更深）。更让人绝望的是我们过去的经历似乎根本没有为当前这种状况做好准备。

从纵向领导力发展的视角来看，当前的适应只代表当前的纵向领导力发展阶段与环境相匹配。但环境是一种持续变化的状态，人与环境之间的匹配关系是一种动态的平衡，这种平衡随时会因环境的变化或个人的发展而被打破。当人的发展超越环境的变化时，人会主动改造或选择更适宜的环境；当环境的变化超越人的发展时，人将处于一种被动接受的状态。因此，在动态变化的现实环境中，我们只有持续发展并超越环境的变化速度，才可能拿回与环境互动的主动权。

从某种意义上说，主动发展纵向领导力将获得一种自由：主动选择和改造环境的自由。当环境中的个体无法应对环境带来的压力时，意味着个体需要提升纵向领导力发展水平。通过发展自我，改变自我与环境的互动模式，进而影响和改变环境，重新建立自己与环境的匹配关系和互动模式。

有些人会基于自己的发展需要，或者为了解决当前所面临的困境而开启纵向领导力发展历程。下面我们来看一个案例。

某男 F，40 岁，某外资企业中国区人力资源总监，他在一次分享活动结束时找到我，希望我帮他发展纵向领导力。在之后的交流中我了解到，他才到公司一年，现在面临巨大的挑战——新任的业务经理与原有的营销总监发生冲突，现在双方都在争取他，以便在冲突中占据优势；而作为人力资源总监，他对这两名业务高管都得罪不起，但现在两者都希望他明确支持自己，其实就是迫使他站队。

在当前形势下，“队”是万万不能随便站的，但想打太极糊弄过去也是不可能的。F 每天深陷这样一个人际冲突之中，而且过几天业务经理还要找他谈话，要他表明态度。F 觉得压力很大。

对 F 来说，他和业务经理都是才来公司不久的人，一开始大家都还相安无事，一切按部就班，可当总部将业绩压力落到中国区高管这一层级时，每个人分担的压力是不同的。以前的相敬如宾变得虚幻起来，大家温情的面纱逐渐拉开，相互之间的关系变得紧张，人际关系环境骤然发生变化。而 F 也没想到冲突会这么剧烈，完全超出了自己的预期，同时他过去的经验中也没有遭遇过这类事件（至少以前大家相互之间会“留面子”）。

根据现有的人力资源总监能力模型评估，F 各方面的能力不可谓不突出，过去的工作经历和表现也有口皆碑。对一个职场人士来说，这种人际冲突谁还没有在自己的职业生涯中碰到过几回呢？怎么到了这里就难处理了呢？

这次的冲突之所以让 F 感到难以处理，原因主要有两个。

一是这种冲突比较特别，是典型的人际冲突。

人际冲突比具体的事务难题更难处理，因为它涉及更多的情绪和感觉，不是讲清道理就可以了。再说有些事是没有道理可讲的。例如，我们会天然地信任某些人，并放松对他们的要求；而对另一些人，我们总是很难培养出信任，对他们的要求总是很严格。

二是当人面对压力时会本能地退回到最原始的防御状态，这是为了保护好自己。

什么是“最原始的防御状态”呢？就是动物一般的应激反应，如“打”“逃”

“僵”，这时候肾上腺素急速分泌，全身肌肉充血，以应对自己认为的危险，所有的理性不知去向，建设性地解决问题的态度和能力也荡然无存。在纵向领导力发展过程中，这种有压力的情境更容易使我们回退。当人面临压力时，其心智模式就会回退到更为原始和初级的阶段。如果人长期处于回退状态，从心智到身体都是一种僵化的应激状态，还谈什么灵活应对当下的环境呢？

在第一轮纵向领导力发展过程中，F 在教练的带领下，很快学会了用更高的纵向领导力发展阶段的全局视角来看待当下发生的各种冲突，而且他在长期的职业训练下，横向能力基础深厚，并把处理冲突视为提升自己纵向领导力发展水平的重要机会。三个月后，业务经理与营销总监依然水火不容，但他们对 F 的态度发生了重大变化，他们不再视 F 为可以随意摆布的对象，而是把他视为积极争取的盟友，而且他们都很欣赏 F 处理三人之间冲突的专业态度。更有意思的是，经过一段时间的发展之后，F 开始积极寻找更大限度地改变环境的可能性，与之前的焦虑状态截然不同。

读到这里，有些朋友可能会问：经过一段时间的纵向领导力水平发展，F 会不会因自身的发展已超越环境的变化，发现当前的环境已不适合自己而提出离职呢？

实际上发生这种情况的概率很小。在多年的纵向领导力发展实践中，我只遇到过一位离职的，但他离职的原因不是自己的纵向领导力发展水平与环境不匹配，而且离职后不久又复职了。那么，为什么纵向领导力发展了之后很少出现离职现象呢？

在实践中我遇到过有这种想法的人，即有些人在发展了纵向领导力之后超越了环境的需要而萌生了离职的想法。但实际做出离职行动的人几乎没有。

为什么会出现这种情况？

从下面这段对话中，我们也许可以找到答案。

“教练，经过这段时间的发展，我觉得手头上的事越做越轻松，忽然觉得挺没意思的，我想换个环境，去别的公司看看！”

作为纵向领导力教练，听到这样的话，我当然会有些担心。如果他真离职了，我还真不好跟客户交代。毕竟客户花钱、花精力发展自己未来的领导者，结果人离职了，这算什么事？

不过只要他想清楚了，无论他的选择是什么，作为教练，我还是会尊重他的选择。接下来我问了他一个标准的教练式提问。

“你是如何看待你这个想法的？”

他想了一会儿说：“唉，其实再想想，到哪里不都还是这些事？到别的公司，环境改变了，还要有一个适应的过程，我在这家公司八九年了，各方面都熟悉，倒不如从熟悉的环境下手，可能改变更容易一些。即便失败了，老同事的包容度还是比新公司高很多。这段时间以来，从不同的纵向领导力发展阶段的视角重新审视自己熟悉的环境，还真看到了很多过去未看到的，我打算接下来再试试，看自己还能发展到什么程度。”

后来我也问过其他一些发展了纵向领导力的人，他们也普遍持这种看法。

其实从纵向领导力发展到更高阶段的状态来看，这是一种正常的现象。因为发展到更高阶段之后，人们对环境所呈现出来的一切都持一种坦然接纳的态度：环境无所谓好坏，只是不同的人有不同的视角，会产生不同的看法而已。不同的公司只有场景形态上的不同，内在的行为逻辑并没有根本上的变化。

因此，发展了纵向领导力的领导者更愿意用发展后的新阶段的视角重新审视现有的环境，并积极改造环境，甚至把改造环境视为进一步发展自己纵向领导力水平的练习。

说到这里，可能有些朋友又会担心了：这些纵向领导力得到发展的人会不会成天“搞事情”，又或者下属的纵向领导力发展阶段超越上司怎么办？

之前我也有过这种担心，直到我在纵向领导力发展实践中遇到一个案例，我才明白实际上会呈现出什么样的状态。

某公司的业务副总经理找到我做个人纵向领导力发展，做了一段时间后，他提出让他下属的人力资源业务合作伙伴（Business Partner，BP）也参与进来，两个人共同做纵向领导力发展。

当拿到他们的纵向领导力发展阶段测评报告时，我大致知道他们之间发生了什么。

人力资源 BP 的纵向领导力发展水平高于业务副总经理。人力资源 BP 作为下属，其纵向领导力处于比成就者还稍高的发展阶段，而作为上司的业务副总经理介于成就者和运筹者之间。当有压力时他就会回退，从而呈现出更多运筹者的特征（本书后面章节会详细说明）；自身状态好一点时，他就会突显成就者特征。

这位业务副总经理之所以想发展纵向领导力，就是因为他在与人力资源 BP 的互动过程中感到各种失控，而人力资源 BP 之所以愿意加入这个项目，也是因为被业务副总经理折磨得苦不堪言，两人都希望通过发展纵向领导力，让彼此能有更好的工作状态。

我们先来看一下两人的状态：人力资源 BP 是从成就者视角看问题，追求目标和结果，做事不太关注过程，甚至会用一些“灰色手段”，而且他不满足于人力资源事务性工作，经常超越自己的职权去推动一些事情。如果出了问题，其他部门一般都会找各自的分管业务副总经理。业务副总经理更多的是从运筹者视角看问题，认为人力资源 BP 不注重流程细节，做事不按章法（虽然也没有违规），没有规矩；办事总让人不放心，净“搞事情”，最后把烂摊子留给自己收拾，这让他很没安全感。而人力资源 BP 觉得业务副总经理不集中精力干重要的事，净抓着鸡毛蒜皮的小事不放，对他限制太多，让他的能力无法发挥出来。

让我们看看两人经过一段时间的纵向领导力发展之后发生了什么。结果是两人都想改变对方而让事情变得更混乱吗？

不！

我们看到的是，这两个人用纵向领导力发展地图重新理解对方所处的阶段和特征，在这个基础之上一起站在超越两人的重构者视角，重构了两人的互动模式。一方面，业务副总经理站在成就者视角，重点抓目标和结果，划定红线，充分授权，给人力资源 BP 充分的机会展示其成就者的一面；另一方面，人力资源 BP 照顾业务副总经理运筹者的一面，增加过程汇报和关键节点沟通等环节。

最后的结果是，人力资源 BP 感觉自己有了用武之地，可以甩开袖子大干一场，副总经理更有安全感，也没以前那么焦虑了。两人以自己的方式一起朝着更高的重构者阶段发展。

所以，如果有人问我下属的纵向领导力发展阶段比上级还高时怎么办，我的回答是，更高阶段的那个人会主动调整自己的互动模式，以提高互动行为的有效性；同时更低阶段的那个人会努力站在更高阶段理解自己及与对方的互动模式，二者一起朝向更高阶段发展。

但是，在没有做纵向领导力发展之前，在没有理解和明白纵向领导力发展的意义、价值和内容之前，不到迫不得已，没有人愿意主动调整自己。当两人都接受纵向领导力发展时，则两人都会主动调整，因为基于流动性的主动调整是纵向领导力发展的两个支柱之一（另一个是基于纵向领导力发展地图的层级性）。

大多数情况下，生存的本能会让我们在面对环境压力时积极寻找解决问题的方法，并在这个过程中突破既往的认知能力水平，从而发展自己的纵向领导力水平。但这是一种随机的偶然发展，就像碰运气一样。因此，很多成功发展了纵向领导力水平的管理者在分享成功经验时，更多地体现为横向知识、经验和方法的分享，而对于如何有效识别环境并与环境有效互动则涉及较少，从而无法将他们的成功复制给他人。

纵向领导力发展为我们提供了完整的发展地图和路径，让发展变得可以复制。同时，我们在面临现实环境压力时，可以一边解决问题，一边发展纵向领导力水平；并在与环境的互动过程中，用现实的结果检验发展的有效性。

第二类：内心的渴望——心中燃烧着火苗的人

对个体来说，要主动发展自我，除了外界环境的原因，还有一个重要原因就是内心的渴望。

根据马斯洛的需求层次理论，人的发展的终极目标是实现自我。从纵向领导力发展角度来看，每个人都有追求圆融、通透、天人合一（姑且用这个词）的终极期望，同时这也是纵向领导力发展的最终阶段——创造者阶段（第 9 阶段）的状态。

无论我们当前的纵向领导力发展处于哪个阶段，我们始终都走在自我发展这条道路上。在与环境的互动中，有意无意地发展着自己。自我发展的终极状态会在远方召唤我们。虽然这可能只是我们内心深处发出的一丝微弱的呼喊，但它常常会超越我们当前的阶段，提醒我们不要懈怠，坚持在纵向发展的道路上努力前行，一步步走向自我发展的最终阶段。虽然不是每个人都能发展到最终阶段，但我们只要还走在发展的道路上，就会听到这种内心的召唤。

在纵向领导力发展群体中，有一类人比较特别。他们会在某个时候，内心突然就会泛起一个声音说："我不能再过这样的生活了，我得改变些什么！"

这类群体与那些为环境所迫走上自我发展的道路的人不同，因为前者可能并没有太大的环境压力，甚至各方面条件还很优渥。例如，有良好的个人家庭和教育背景，有着令人羡慕的工作，家庭美满幸福。但某天他们脑海里突然就会迸出想实现些什么的想法。但是，对我们绝大多数普通人来说，萌生改变的念头比较常见，但真要做出一些具体的改变，又一时找不到什么方法，也很难迈出第一步。生活中一个最典型的例子就是"我要减肥"——真正能付诸行动的人少之又少。

有些人听到这种内心的声音，可能只是想想而已，就像在街头隐约听到有人叫自己，于是停下来四处张望一下，没看到人就走了；有些人则可能通过各种探索来寻找声音的来源。对听到自己内心声音的人来说，一切都不清晰，很朦胧。他们唯一知道的就是要改变，但是要改变什么？怎么改变？对此他们往往是不清楚的，只能不停地寻找和探索。

让我们从马斯洛需求层次理论来看看为什么会这样。马斯洛需求层次理论把人的需求分为五个层次：生理的需求、安全的需求、归属和爱的需求、自尊的需求、自我实现的需求。其中前四个为匮乏性需求，最后一个为成长性需求。马斯洛在《动机与人格》一书中写道："匮乏性需求的满足很大程度上依赖他人和环境，而成长性需求则能够在相当程度上独立于他人和环境。从生理角度看，匮乏性需求的满足让我们免于疾病，而成长性需求的满足将导向更加积极、健康的状态。"

当我们面临现实的压力时，会本能地回退到前四个层次的需求，而自我实现的需求让我们更具创造力，这种创造力会为我们的个人发展带来更多可能性和更多的选择。

由此可见，当人们的前四个需求已经得到一定程度的满足时，会萌生自我实现的需求。

有人可能说："前四个需求很难满足啊！我要换大房子，我要挣很多的钱，事业要出人头地，家庭要美满幸福。终其一生，这些需求哪能满足得了啊？"

话虽这么说，但对不同的人来说，需求满足的上下限（阈值）是不同的。同样是对食物的生理需求，有的人只要求吃饱、营养均衡就好，而有的人恨不得天天满汉全席；同样是安全需要，有的人只要求有一套房子，干净、整洁、能住就好，而有的人则认为必须住豪宅才算满足需求。因此，对前四个需求，不同的人满足的上下限不同，而且不同的人对满足程度的感觉差别很大。

另外，需要注意的是，那些希望实现自我并积极发展自我的人，不一定都是大富大贵的人，也不一定都是家境贫寒、社会地位不高的人。马斯洛在后期修正需求层次理论时也提到，并不是前一层次的需求都完全得到满足才会产生下一层次的需求。

所以，每个人都可能在某一天突然萌发出实现自我的念头，这很可能就是纵向领导力发展的一个起点。至于终点，则因人而异。纵向领导力发展显然不是用来解决最基本的生理、安全、归属、自尊的需求的，它是为了满足自我实现、认知自我、超越自我的需求而存在的。所以当我们开始希望做更好的自己，看到更加宽广的世界时，我们就可以开启自己的纵向领导力发展之旅了。

但在现实环境中，通过纵向领导力发展走向自我实现是需要巨大的勇气和力量的，因为环境的影响实在太大了。你的父母妻儿可能告诉你要好好过日子，别瞎折腾了；你的同事对你超前的需求多半持怀疑态度，直接把你的梦想归为幻想；而整个发展过程的艰难和缓慢也会让你怀疑自己是不是没事找事。

所以，心中想实现自我的那团小火苗随时可能因为外在的影响和内在动力不足而熄灭。

如果内心真的有发展自我、实现自我的想法，我们可以通过纵向领导力发展地图和训练方法，至少可以向着实现自我迈出一大步。接下来我们看一个实际发生的案例。

某女 G，35 岁，人力资源经理，之前一直在民营企业做人力相关工作，事业发展不温不火，家里的小日子过得也还不错。她在平时的工作中认真负责，不争不抢。

我们认识很久了，也一起参加过一些课程，其间，她的表现可以说很积极上进。在做跨公司级的纵向领导力训练营时，她找到了我，说对发展到更高阶段很好奇，希望参与进来，发展自己的纵向领导力。

她主动上进的想法我是可以理解的，但我也很好奇，因为她身上有一种不断找寻和发展自我的特质，但她的工作和生活是如此的平衡而波澜不惊；她所处的环境也不需要她的纵向领导力发展到更高的阶段。大多数与她有类似背景或经历的人，都选择在一个稳定的公司找份事务性工作，安安稳稳地做到退休。

当时我也是第一次遇见这类发展对象，我也希望看一下纵向领导力发展在这类群体中的应用情况。因此，在明确她有发展意向并向她说明情况后，经她同意，我们进行了纵向领导力的尝试性发展。

在问到她纵向领导力发展的目标时，她期望达到成就者阶段，能按照自己的想法去改变一些事，至少能超越现有的发展阶段，站在更高的阶段看一看世界是怎样的。

经过一段时间的纵向领导力发展之后，她开始能将内心的期望与现实环境结合起来，这时她发现："原来是这样啊！""就像自己站在舞台上，原来只有一束灯光，只能看到'局部'，随着光源的逐渐增加，能看到更多的'局部'。我开始关注到第四视角（金鱼缸），以及在更长的时间线和更大的空间中可能发生的事情（涟漪），并在当下做出决定。”她说道。

她开始有信心和能力去主动调整自己与环境的互动。此时她不再满足于“心中有一个小火苗”，而是建立了清晰的纵向领导力发展地图，并将未来的自我发展路径勾画得更加清晰和明确。最直接的结果就是，她升职了。

一般情况下，当一个人的视野更宽广，想得更多、更远，做事也更有目标和成效，并且企业在与之相关的更高职位上正好空缺时，升职是自然而然的事情。

我之所以把这类适合纵向领导力发展的人单独划分出来，是因为现实中真的有这么一个群体，他们内心有想法，有动力发展自己，但缺乏明确的发展地图和方法。

同时，他们的发展也给身边的环境带来了积极的影响，他们心中的火苗既代表着自我实现的需求，又代表着人类群体中个体发展的渴望。当他们心中的火苗变成熊熊的火把，照亮自己前进的道路，并引领一批人朝着未来积极发展时，他们就会以燎原之势推动人类的发展和进步。至少，他们深深地影响了身边的人，成为大家的榜样，带动大家共同发展。

每个人在这个世界上可能都平凡如尘土，但在自己的世界里永远是自己的英雄。每个人都有实现自我的渴望，纵向领导力发展为每个人的自我实现提供了路线图和方法论。从这个意义上来说，纵向领导力也适合每个有梦想的人。运用它，在实现自我梦想的道路上闪耀自己，照亮他人！

第 3 章 踏上纵向领导力发展征途

每个人都可以发展纵向领导力，但不代表每个人都必须发展纵向领导力！

只有适合的才是最好的！

对一个组织来说，那些代表着组织未来发展希望的高潜力人才，那些推动组织变革的中流砥柱，那些在新岗位上艰难适应的人，那些为环境所迫而不得不改变的人，还有那些心中隐隐燃烧着自我实现的火苗的人，他们才是真正需要发展纵向领导力的人。

当他们真正面对纵向领导力发展时，每个人的状况也不尽相同。不同的人发展意愿不同，动力不同，在后面的实际发展中所呈现出来的效率也不尽相同。

当我们决定开始发展纵向领导力时，并不是马上开始，而是先需要做一些准备工作。就像登山活动，为保障登山的顺利进行，我们通常会把所有参加登山的人员在山下集合起来，检视一下大家的状态，检查一下大家的装备，再明确一下注意事项。第 3 章的作用就在于此。

准备工作

要真正开启纵向领导力发展之旅，并保证接下来的发展持续而有效，有几项准备工作是必须做的。

准备工作一：提升纵向领导力发展的准备度

在开始发展纵向领导力之前，最重要的是提升参与人员的发展准备度。

首先，提升参与人员对纵向领导力发展重要性的认识。在开始发展纵向领导力之前，我们需要回答一些基本的问题。例如，为何要发展纵向领导力？做好这件事对当事人来说为什么那么重要？做好了对当事人意味着什么？

如果不搞清楚为什么做这件事，就启动纵向领导力发展并开始实际的发展行为，最后的结果一定是事倍功半。

当一个人不知道做某件事与自己有什么关系，也不知道它为什么重要时，这件事在他的日程表中一定是排在后面的。关于这一点，我们也可以问问自己：对一件可有可无的事，我的参与度会有几分？我会投入多少精力？遇到困难时我会做出什么选择？

因此，发展纵向领导力之前要先与当事人明确其重要性。从企业的角度来说，花钱，花精力，选择特定的适合的群体本身就表明了企业对当事人的重视。那么，当事人是怎么看的？他打算把这件事的重要性排在什么位置？这些都是需要在发展之前纵向领导力评估、确认的。同时，还需要提高纵向领导力发展在当事人事务日程表中的优先级，虽然不一定排在最优级，但肯定需要阶段性地排在前三位。

如果当事人认为这件事的优先级不能排在前三位，那请与之沟通这件事对组织及个人的重要性。如果你也发现没那么重要，那可能是选错人了。在确认当事人对纵向领导力的重要性足够了解的前提下，如果他不愿意参加，那就不必再勉强，请将他从发展人员名单上划掉，等时机成熟了再说。我们需要把这样的机会给予那些企业期望发展的、本人也有意愿发展的人。而对那些企业有意愿发展，自己却不是很重视的人，可以先放一放。当他们看到参加纵向领导力发展的人员展示出与之前完全不同的风范，同时在工作中又有上佳表现时，也许能激发其参与的意愿。

其次，提升当事人的发展意愿。我们需要评估当事人对运用纵向领导力发展自我的意愿是否足够高，特别是组织中的高潜力人才和变革中的中流砥柱。因为这两个群体中有部分人员很可能自己的发展意愿并不高，只是因为企业的需要才参加到纵向领导力发展项目中来。如果他们的发展意愿不高，后期的发展效果可能就不够理想。

纵向领导力发展的过程不像周末旅行般轻松愉快。纵向领导力发展需要克服大量内在和外在的限制，每个阶段纵向领导力的提升都是一次破茧成蝶的过程。如果当事人的意愿不够，随时都可能放弃。

是不是意愿不高，就没有办法做纵向领导力发展了呢？

也不是。

我们可以通过一些方法来提升当事人的意愿。例如，让当事人了解纵向领导力发展的原理，向他描述提升纵向领导力之后能带来哪些好处，这些好处对他来说意味着什么，并告诉他在发展过程中可能遇到什么艰难险阻，需要他做出什么样的承诺和付出。还可以把这段发展历程与当事人职业发展的期望结合起来，让他看到发展自我对其未来职业生涯的重大影响。总之，让当事人更加了解纵向领导力发展这件事，会提升其发展意愿。

当人们意识到某件事对自己有很重要的意义时，做好这件事的意愿就会提升。

还有一个提升当事人发展意愿的重要方法——测评。通过测评让当事人了解自己所处的阶段，该阶段的纵向领导力水平给自己的工作和生活带来的影响，并推测运用更高阶段的纵向领导力水平将如何处理当前所面临的问题。通过测评让当事人直观地感受到发展纵向领导力可能给其带来的意义和价值，同时激发其向更高阶段发展的意愿。

最后，提升发展紧迫度。提升了意愿，只代表当事人有了发展纵向领导力的意愿，并不代表其会立刻积极参与到项目中来。在现实中我们看到，很多高管了解到纵向领导力对自己和企业的发展都很重要，自己也想参加，但总觉得还有更重要的事要做，所以把这事先放一下，等时机合适的时候再启动。

这时候就需要提升其紧迫度，否则会在发展中产生以下两类问题。

一是当事人迟迟不开始，但环境的变化、企业的发展每时每刻都在发生。企业有自己的发展节奏，不会去适应并等待个体完全准备好。此外，人的发展变化是一个缓慢的过程，而环境变化可能是非常迅速的，及早开始准备总是好的。否则，当企业或环境需要我们展示更高的纵向领导力阶段的特征时，却发现我们还没准备好，那就会耽误事。因此，如果你认为纵向领导力发展这件事很重要，又愿意参与其中，那就一定要安排好节奏，及时开始。

二是如果紧迫度不高，在发展过程中就会缺乏效率。在纵向领导力发展过程中需要持续聚焦并持续训练纵向视角的层级性和行为的灵活性。凡事要想取得成就，必须坚持不懈，如果三天打鱼两天晒网，就无法实现什么好结果。

要提升紧迫度，可以从两个方面入手：一是让当事人意识到环境对自己的压力和影响；二是强化做这件事的内在目标和意图。

综上所述，提升纵向领导力发展准备度的关键是提升当事人对发展纵向领导力这件事的重要性、意愿和紧迫度的认知，这是其后续发展行为的原始驱动力。如果没有这些驱动力，纵向领导力发展的过程将事倍功半。

准备工作二：确定发展的目标

在一个纵向领导力发展项目中，涉及三类关键利益相关者：

- 发展的对象，即当事人。
- 项目的发起者和组织者，即公司（人力资源部门常常作为该项目的公司代表出现）。
- 纵向领导力发展教练。

这三类关键利益相关者有各自的目标，而三者目标的交集就是该项目的目标。纵向领导力发展教练需要在项目开始前与其他两方确定共同的目标，同时与当事人深入交流个人目标，以便在项目发展过程中兼顾当事人目标的实现。

准备工作三：确定纵向领导力发展成功的衡量方式

在纵向领导力发展中，我们如何衡量并评估发展的有效性呢？

我们一般通过四个方面来评估：一是目标结果达成验证；二是当事人自评；三是第三方观察；四是教练反馈。

首先，目标结果达成验证。根据过去的发展实践我们发现，经过半年的有计划发展，大多数人都能实现纵向领导力至少一个阶段的升级。如果时间太短，如三个月，当事人最多只能运用纵向领导力阶段视角看明白身边发生的事，还没有办法展现流动性，实际的领导力有效性也大打折扣；如果时间太长，如一年，效果当然好，新阶段的特征也相对稳定，但过长的时间对当事人的动力持久性是一个考验，同时发展成本也过高。因此，半年是一个比较合适的发展时间，通过纵向领导力阶段的前测和后测对比，可以很直观地看到变化。

在实践中，很多当事人除了纵向领导力发展阶段的目标，还有一些其他的个人相关目标，如升职（有时仅限于教练知道，未必向公司明确提出）、实现某个业务目标之类的。一般在项目初期设定这类目标，三个月后进行调整。因为经过发展后，他们会发现起初设定的目标都太过简单而没有挑战性了。但有一类目标可能会调低，那就是纵向领导力发展阶段目标。很多当事人在一开始设定领导力发展阶段目标时都会上浮两级。例如，当前测评结果显示当事人处于运筹者阶段，而他希望发展到重构者阶段。一般这类目标在三个月之后都会主动下调一级，因为只有经历过这个过程，当事人才知道发展纵向领导力是一件多么不容易的事，也能理解那些更高阶段的人为何少见，同时更能理解这种有计划的纵向领导力发展项目对实现自我发展的重要性。

其次，当事人自评。鞋子好不好穿，穿过的人最清楚。纵向领导力重点发展的是视角和行动。在视角方面，纵向领导力发展项目可帮助当事人用纵向领导力发展相关阶段的特征看清和解释自己及周围人的行为，同时还能预见事物的走向。这种能力只有当事人自己清楚。在纵向领导力发展实践中，几乎所有的当事人在总结时都会说："世界还是这个世界，但我看到了过去没有看到的东西——一个新世界！"

在行动方面，纵向领导力发展项目可帮助当事人运用纵向领导力的方法处理现实中的管理问题，充分展示纵向领导力发展到更高阶段所出现的流动性特征。这些都是当事人自己看得到、说得清的。

同时，每次对话的觉察笔记，每一阶段的总结反思，都会让当事人对自己的整个发展过程清清楚楚，并有据可查。因此，在纵向领导力发展的整个过程中，当事人都能清晰地看到自己的发展状态并实时进行自我评估。改没改变？哪里发生了改变？这些事情都是可以描述出来的。

再次，第三方观察。纵向领导力发展在经历第一阶段的提升认知和第二阶段的尝试调整（大约 3 个月）后，当事人开始出现改变。其中最明显的是看问题的角度和与人互动的模式的改变，这些改变都是肉眼可见的，所以我们在四个阶段（大约 6 个月）结束时，就可以根据第三方的观察反馈来了解和评估当事人。

在过去的实践中，我们使用的是利益相关者访谈法，未来会更多地使用 360°反馈法。我们常说，评判一个纵向领导力发展项目行不行主要看结果如何，而这个结果绝不仅仅是一份总结报告，而是在实际工作中对周边环境产生的影响。在纵向领导力发展中，我们更关注改变的结果，因为内在的认知变化会体现在外在的行为和结果上。你说你发展了，表现在哪里？对你的影响和改变是什么？对他人的影响和改变又是什么？这些都是可观察、可说明的。

在这里有两点需要特别说明。

一是纵向领导力发展从认识自己开始，在发展过程中逐渐向更高阶段转变，最终经历个人转变过程后，再运用这套方法发展他人，并在发展他人的过程中持续发展自己。所以，纵向领导力发展的结果体现在当事人与周围的人、事这些环境要素之间的互动中。一般经过一段时间的发展之后，同事们对当事人的评价是：人还是那个人，但变化很大，最明显的变化就是大家更愿意与之相处并积极互动。

二是如果当事人是高层管理人员，其上司的感觉会更加明显，会明显看到当事人看问题的视角和做事情的切入点完全不同了，特别是在开高层会议时，这种感觉会更加明显。用一位董事长的话说就是：“格局有明显的变化了，看问题更有大局观，做事情更有方法了！”另一位负责纵向领导力发展项目的人力资源负责人说：“纵向领导力发展的结果肉眼可见！”

最后，教练反馈。其实教练的反馈贯穿整个纵向领导力发展过程。对教练而言，其关注的始终是当事人的发展状态，从动力水平到发展的结果。教练在每次对话中都会捕捉可发展的亮点；在项目的每个阶段结束时都会评估当事人的发展状况，并反馈给当事人。纵向领导力发展的特殊性在于它是教练与当事人共同努力的结果，而不是当事人或教练单方付出努力就可以的。

教练的反馈一方面提供了一个新的视角来看待当事人的变化；另一方面，受过专业训练的教练在聆听和觉察方面强于一般人，他们可以感知到他人无法注意到的细节，而这些细节可能是促进持续发展的过程中非常重要的机会点。

建立信任

准备好了纵向领导力的发展动力，有了明确、清晰的目标，也了解了如何评估发展的成果。那我们可以踏上纵向领导力发展的征途了吗？

不！

还有最重要的一点：教练与当事人的信任关系！

试想，你打算登山，却不信任带队的向导，这会导致什么结果？向导让你往东，你非要往西，怎么能登顶？

纵向领导力发展是一个艰难的自我变革或转型的过程，也是一个不断战胜自我的过程，在这个过程中充满了艰难险阻。恐惧、焦虑、害怕在各种不确定的变化中时刻伴随左右。此时，如果身边有一个可以信任的伙伴，会让我们更有信心尽快走完最艰难的初期阶段，当我们成功完成一次纵向领导力发展的自我跳跃之后，就会无惧发展的艰难了。

请注意，这里我用的是“跳跃”一词！

纵向领导力发展的每个阶段从宏观上看都是一个线性过程，如图 3 所示，每个阶段在微观层面也是线性的。但从一个阶段到另一个更高阶段的中观层面看是完成了一次跳跃，起跳时需要战胜自我的勇气、瞬间突破自我的力量，还有时机选择的智慧。这时如果有一个教练在一旁陪伴并指导，这一跳可能更加顺畅而完美。

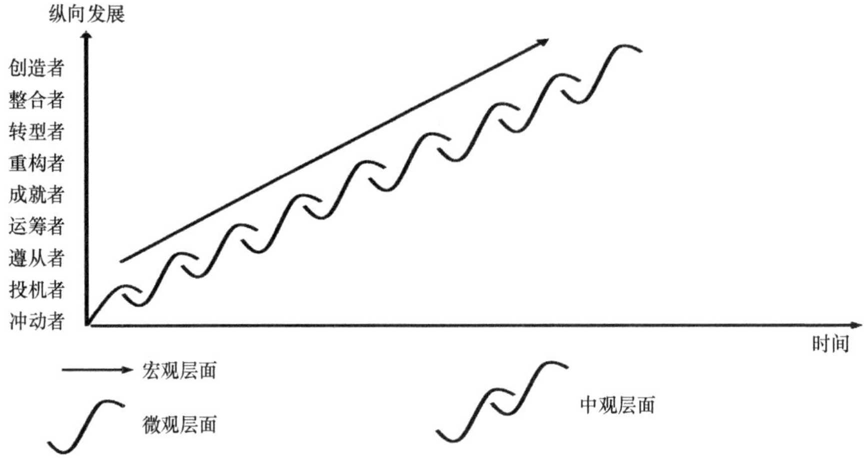

图 3　纵向领导力发展每个阶段都是一个线性过程

在建立信任关系这件事上，70%的责任在教练。因为这是教练能力的基本要求，也是教练的责任。教练需要通过专业的方法，建立尊重、安全、支持性的氛围，以赢得当事人的信任。当事人也需要主动向教练坦诚表达自己的顾虑和担心，毕竟双方要一起度过人生中最重要也是很艰难的一段发展时光。

在实践中我们发现，人们对纵向领导力发展教练的信任来自以下三个方面。

对高管所面临现实环境的理解

现实中每位客户都希望教练有与其相同的高管经历，这会让教练看上去更“懂我”。这种心情可以理解，但实际上这一认知把教练和咨询顾问混为一谈了。对一位纵向领导力发展教练来说，更重要的是能否敏锐识别客户看问题时所处的纵向领导力发展阶段，并从更高的阶段帮助客户理解其所面临的环境。

当然，这一切都建立在对客户及客户所处环境的理解的基础之上，这对教练自身的纵向领导力发展阶段提出了一定的要求。如果教练本身的纵向领导力发展阶段未达到成就者及以上阶段，就很难做好纵向领导力发展教练。

同时，纵向领导力教练需要真正担任过决策者级别的高管。因为只有达到成就者及以上阶段又真正担任过高管的人，才更容易理解高管们在发展过程中所面临的状况，也更容易让客户产生信任。

至于教练是否从事过与客户相同的行业，其实没那么重要，反而是对客户业务更了解的同行在做教练时更容易走偏，时不时会脱离教练的位置成为咨询顾问，而忘了教练的主旨是帮助客户发展。

对纵向领导力发展理论及应用的理解和运用

纵向领导力发展理论源自人类的全面发展理论，微观上反映的是个体发展的一般性规律；宏观上可以反映人类发展的一般性规律。如何将纵向发展乃至自我发展理论梳理清晰，并运用到高管发展的实践中，这是一种能力，一种强有力的支持客户发展的基础能力。就像作为一名导游，如果自己连地图都看不明白，也不知道怎么用，那又怎能将游客带到目的地呢？

教练对自身教练能力的信心

纵向领导力发展教练的作用不是回答客户的疑问，而是陪伴客户共同面对问题，并从不同的角度探索解决问题的方法，在这个过程中提升和训练客户解决问题的能力。解决客户当下的问题只是纵向领导力发展之后自然而然的结果。我们将客户当下面临的问题视为一种发展的练习对象（所以环境越复杂，问题越多，发展的练习机会就越多，对发展也越有利），能否解决问题的结果只用来检验发展效果。

一个好的纵向领导力教练能由内而外地展现出专业教练的各项能力。例如，建立可以信任的关系；时刻保持对客户的关注；聚焦于发展客户的大方向；通过聆听和提问，为客户创造向更高阶段发展的可能，同时让客户在每次对话中都看到自己的成长和变化。

在实践中，客户有时会问：如何选择自己的纵向领导力发展教练？

我的建议是，如果实在不知道如何选择，可以问自己一个最基本的问题：在纵向领导力发展的道路上，我愿不愿让这个人陪伴我并支持我的成长和发展？如果你的答案是肯定的，那就选择这个人；如果你的答案是否定的，那就另觅他人；如果你有些犹豫，可以自我觉察一下自己担心的是什么，然后与教练进一步沟通核实。

有了较高的纵向领导力发展准备度，又有了明确的发展目标，同时还有一个值得信任的发展教练，现在是时候展开纵向领导力发展这张地图了。

第2篇

纵向领导力发展地图

导　言

第1篇我们谈了谁更适合做纵向领导力发展，以及纵向领导力发展之前的一些准备工作。接下来我们将介绍纵向领导力的具体内容，以及纵向领导力发展地图，即什么是纵向领导力发展，以及它包括哪些内容。

人是复杂而多样的，发展和变化是不确定的，所以我们通过纵向领导力发展地图为人的发展构建了一个模型，把人的自我发展结构化，以便我们在发展纵向领导力时有章可循。同时，我们也需要一个模型用于评估、解释和预测我们的发展，让我们的纵向领导力与有效的结果建立关系。

纵向领导力发展是建立在人的纵向发展基础之上的管理应用，针对的是成人发展。人的纵向发展理论是众多人类发展理论学者在研究人类发展的一般性规律的基础上形成的。

关于人类发展理论的研究很多，纵向领导力发展采取的是“发展的类型说”，认为人的纵向发展是螺旋上升的，与人类从初级到高级的发展过程完全一致。

人类社会的发展规律是从原始社会到奴隶社会、封建社会、资本主义社会，最后走向共产主义社会，如图 4 所示。

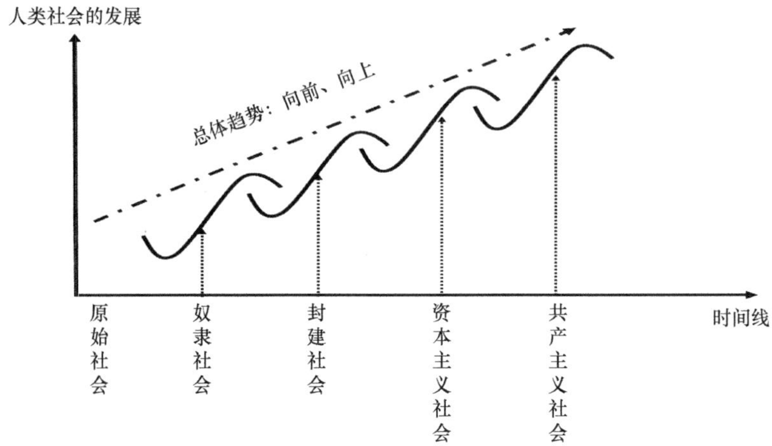

图 4　人类社会发展的一般性规律

由图 4 可知，人类社会的发展是一个螺旋上升的过程，在每个发展阶段，又要经历萌芽—成长—成熟—衰落的过程。在前一阶段走向衰落时，后一阶段的萌芽又开始孕育，新旧阶段在交替时界限并不明显，甚至还会出现往复，但整体趋势是向前、向上。随着时间的推移，新阶段的要素特征日趋明显，才逐步过渡到新阶段。新阶段也不是凭空出现的，或者完全抛弃前一阶段的特征，而是在前一阶段的基础上继续发展，不断突显新阶段的特征。这一点与马克思主义政治经济学的论断也完全一致。

同时，纵向领导力发展理论吸收了格雷夫斯的人类发展螺旋动力学的部分思想。在格雷夫斯看来，人类的发展就是一个螺旋上升的过程，它不断地向前、向上发展，每个发展阶段都在前一阶段的基础上呈现出新的特征。

人类的发展是一个大的趋势，我们每个人都是推动这个趋势的一分子。当我们每个人都在向着更高的纵向领导力阶段发展时，就意味着我们在推动整个人类的整体发展。与此同时，人类的整体发展又在影响和推动着我们每个人的发展。

当然，我们也可以选择不发展。当我们选择不发展时，环境和社会的整体发展并不会因此而停滞，它们依然会按既定规律向前、向上螺旋上升。所以，如果我们主动选择停止发展，一段时间之后，我们就会发现自己开始落后于时代。

时代的发展会给那些符合趋势并推动趋势发展的个体以巨大的机会，这就是我们常说的“时势造英雄”；同时也会淘汰那些无法跟上时代的个体。当我们开始无法理解时代的发展时，当我们开始无法与周边环境良好地互动时，也许我们就要反思一下自己是否已与时代的发展脱节，是否被时代所淘汰。被时代所淘汰的直接结果就是资源和机会的丧失，个体会变得被动而没有太多选择的自由。

放到社会层面来看，个体的纵向领导力发展就是个体不断超越自我、赶上并努力走到时代前列的过程。如果这时候有一张发展地图，个体对自己的发展就会更加清晰、明确，从而少走弯路。

纵向领导力发展是指运用人类纵向发展的理论和成果，发展个人的领导能力。除了个体发展，纵向领导力发展也可以运用在团队和组织发展之中，因为作为人类社会组成部分的团队和组织也完全符合纵向领导力发展的一般规律。在本书中，我们主要关注个体的纵向领导力发展，以及纵向领导力发展如何应用于工作实践，并展示出独特且有效的领导力。

要发展个体的纵向领导力，我们首先需要清楚纵向领导力发展的全貌，并回答一些基本问题。例如，纵向领导力发展是一个怎样的过程？纵向领导力发展的主要阶段有什么特征？纵向领导力发展各阶段之间有什么承接关系？我们如何划分这些阶段？只有了解了这些问题的答案，才能在纵向领导力发展中有章可循。

第 4 章 纵向领导力发展地图总览

不同的学者对纵向领导力发展有不同的划分标准，设定了不同的阶段，如四阶段、七阶段，甚至十几个阶段。为便于应用和研究，本书采用国际组织和领导力协会的九段法，该方法在实际应用中相对完整、清晰，便于理解。

国际组织和领导力协会（International Association of Organization & Leadership，IAOL）基于纵向理论发展学者卢文格和凯根的纵向发展阶段划分，参照爱德华·J. 凯利的阶段命名，并根据相关应用实践，将纵向领导力划分为九个发展阶段，即冲动者、投机者、遵从者、运筹者、成就者、重构者、转型者、整合者和创造者，并由此构建了纵向领导力发展的完整地图。

纵向领导力发展各阶段与个人心智发展的关系如图 5 所示。

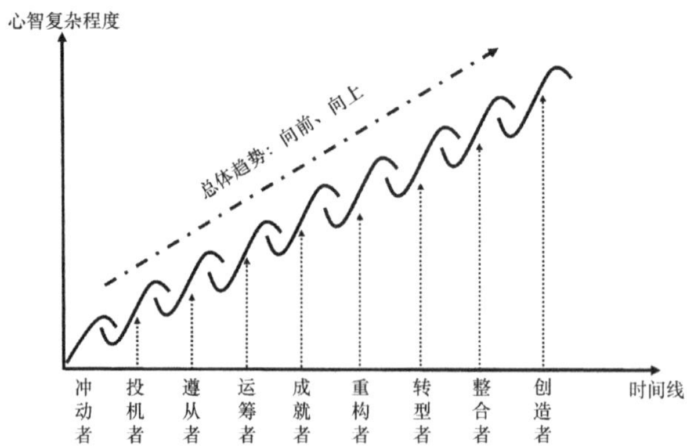

图 5　纵向领导力发展各阶段与个人心智发展的关系

在实际发展个人纵向领导力时，通常涉及遵从者、运筹者、成就者、重构者和转型者这五个连续的阶段，而对更初级的冲动者、投机者阶段和更复杂的整合者、创造者阶段涉及相对较少。

坦率地说，要让刚开始接触纵向领导力发展的人一下子记住这九个阶段还是有些困难的。但记住这九个阶段的名称又是有必要的，因此接下来我们通过下面这个案例来了解这九个阶段的名称及各阶段的发展过程，同时也帮助我们更好地理解纵向发展与职业发展之间的关系。

G 大学毕业后进入一家公司实习。在最初的工作接触中，大家发现他的情绪很容易受环境的影响，对任何事都处于一种应激反应的状态，情绪完全支配了他。例如，听到夸奖就飘飘然，被责怪了就垂头丧气，失去信心。他平时总处于一种被情绪和原始的需求所笼罩的状态。在大家眼里，他就像一个无法控制自己情绪的孩子，心智发展水平较低。此时，他的纵向领导力发展可能处于冲动者阶段。

过了两个月，G 发现大家分派给他的任务有的不花什么力气就能得到好评，而有的费力不讨好。慢慢地，他开始学会有选择性地工作，以自己的利益最大化为标准，开始在工作中要各种小聪明。大家对他的评价是：有些自私，遇到有好处的事情就急着揽，碰到难事就躲起来。此时，他的纵向领导力发展可能处于投机者阶段。

又过了两个月，大家发现与 G 共事很不舒服：在工作中最需要他时，他却靠不住；但对他有好处的事，他就很上心。大家开始给他贴上一个“私心很重”的标签，慢慢对他敬而远之。他实习转正的事也没有人提，甚至大家都认为他不适合现在这份工作，团队中不需要这样的人。终于有一天，G 发现本部门的人开始疏远他，中午也没人叫他一起用餐。他还发现本部门居然有一个私聊的微信群，整个部门唯独他不在这个群里。这种被群体排斥的感受并不好，于是他开始关注大家对他的看法，并努力改善。他试着压抑自己在群体中不受欢迎的那一面，甚至还努力练唱歌，因为本部门中年轻人多，大家都喜欢唱歌，G 想迎合他们。此时，G 的纵向领导力发展开始走向遵从者阶段。

经过一段时间，大家发现 G 有了一些变化，不再像以前那样只顾自己。他有时还会主动买点小零食什么的，在工作中也不那么拈轻怕重，有些辛苦的工作也会主动抢着干。慢慢地，大家对他的看法开始有一些改观。另外，G 喜欢画画，PPT 做得特别漂亮，部门的提案或总结 PPT 最后都会交给他设计润色一番，甚至其他部门还专门来找他提修改意见。直到有一天，G 的一次名为“一个画者眼中的世界”的演讲让整个部门的人发现他还是很有想法的一个人。只是他总是用绘画的专业术语来解释问题，让人听不懂。还有一提到做 PPT 这事他就滔滔不绝，自信满满，而且不允许别人置疑他的观点。这时，一个运筹者阶段的 G 开始出现在大家面前。

鉴于 G 有一技之长，又积极努力，肯钻研工作，与大家的相处也开始越来越融洽，虽然有一些小争议，但大家还是接受了他。他在部门里开始崭露头角。部门主管调走后，公司决定提拔他做见习主管。刚开始 G 不太适应，天天靠加班完成任务。慢慢地，他发现只关注过程和问题是不行的，公司要的是结果。于是，他不再纠结过程中的细节和具体的问题，为了达成目标，他不再总是做无意义的争辩，逐渐学会了灵活处理。在大家的眼里，他越来越有自己的想法，更强调目标和结果。这时，G 开始步入成就者阶段。

由于 G 业绩突出，很快就升到了经理职位。他雷厉风行的工作作风深得上司赏识。虽然有时他对下属有些严厉，但下属觉得跟着他还是很有前途的。这时公司有一个重要地区的销售额始终无法增长，需要派人去重振市场。于是公司将这个重要而艰难的任务交给了 G。G 到岗之后才发现，这个地区的客户习惯跟别的地区差别很大：这里的客户更喜欢买了公司的产品回去自己组装，从而满足自己的个性化需求。但同时出的问题也更多，毕竟客户还没有那么专业，所以这个区域利润率低，客户投诉多，销售额总提不上去。在与客户深入交流了 3 个月之后，G 提出在该地区尝试用培训来提升客户的专业能力从而促进销售；同时将客户的个性化需求反映给研发部门，从而增加了公司产品的品类。通过培训，大多数简单的问题客户自己就能解决。另外，客户之间还可以互相交流各种有趣的产品组合。结果，一年后，公司在该区域的销售人员全部变成了培训师。定制化、方案设计咨询的收入占比开始提高，并贡献了主要的利润。因业绩突出，G 也荣升为新成立的咨询部门的业务总经理。这时的 G 已经没有了往日的强势，独特的视角、敏锐的洞察、探询的语气、文雅和坚定的态度逐渐成为他的标签。这时，他开始进入重构者阶段。

市场竞争越来越激烈，原有产品逐渐失去市场份额，公司也在尝试不断拓展新的业务和产品线。G 在公司里成为新领域拓展的神话，他常常会从独特的视角制定出其不意的策略，让新业务得以生根发芽，茁壮成长。他总是能看到别人看不到的机会，或者比别人先看到机会。公司打算出售原有的业务，全面转向新的领域，而最熟悉新老业务的 G 自然是公司转型的操盘手。肩负转型重任的 G，没有如大家所料那样一上来就抛出一个宏大的转型计划，而是给大家换了一套工作服，由原来面料考究的制服换成了舒适的纯棉商务休闲服，连公司最老派的员工都说新工作服穿着很舒适。借着新工作服的话题，G 成功地把大家带入对转型的讨论，并让所有人都觉得公司需要做出一些改变。于是，不知不觉间大家都加入推动公司转型的行列，公司的转型也有条不紊地顺利推进。G 此时就像一个早已洞悉一切变化的智者，默默地看着公司的变化——转型者 G 出现了。

转眼 30 年过去了，G 早已是公司最重要的核心领导者之一。公司在他的引领下发展得平稳有序，大家都很敬重他。一天，G 在大家的不舍中退休了。

G 退休后也没闲着，除了在家著书立说，结交各界朋友，还有很多人请他去演讲。慢慢地，他的很多理念开始被广泛传播。他的影响力越来越大，他关注的方向也由具体的事务转向人类的终极福祉，他的理念超越了国家、种族、文化。至此，G 被人们永远铭记，而我们也从 G 苍老的面容后面看到了一个整合者的影子。

最后，没有人知道 G 去了哪里，但大家都知道，他做了许多事情，这些事情深刻地影响了世人，并推动这个世界不断向前发展。这时的 G 很可能已经进入了创造者阶段。

G 在个人职业生涯中所经历的纵向领导力发展阶段如图 6 所示。这是理想状态下的纵向领导力发展与个人职业发展轨迹，现实中不太可能一帆风顺，大多数人终其一生也难以达到最后一个阶段。因此，图 6 只是提供一个理想的发展模型，目的是让大家对纵向领导力发展的九个阶段形成直观的认识。

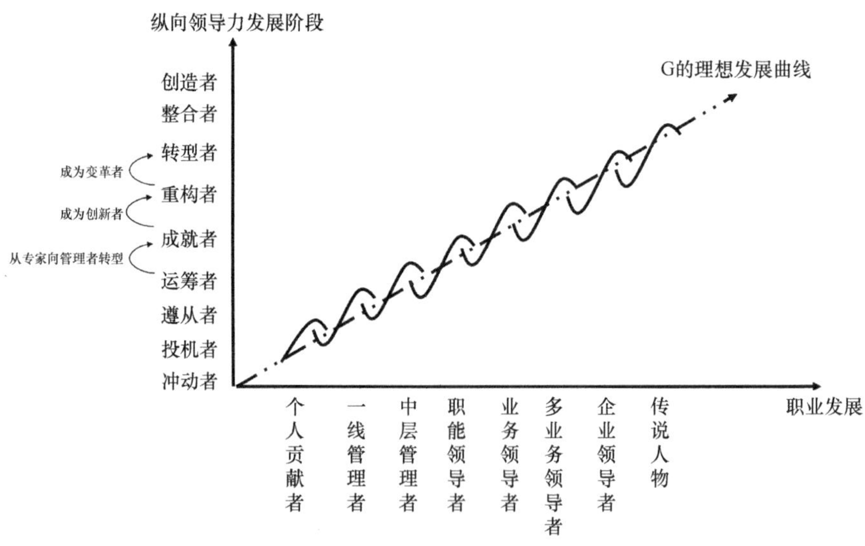

图 6　G 在个人职业生涯中所经历的纵向领导力发展阶段

总的来说，可将纵向领导力发展的九个阶段分成三段，第一段是形成自我（冲动者、投机者、遵从者），第二段是走入社会（运筹者、成就者、重构者），第三段是融入世界（转型者、整合者、创造者）。第一段是“我”的概念从无到有的形成过程，第二段是走出个体的“我”，转变为社会对个体需求的“我”，第三段是“我”与世界紧密连接并频繁互动，最终达到“天人合一”的状态。在这三段之外，即在人有主体意识之前及与世界真正合一之后，都不是纵向领导力发展所关注的。

理想的纵向领导力发展曲线如图 7 所示。

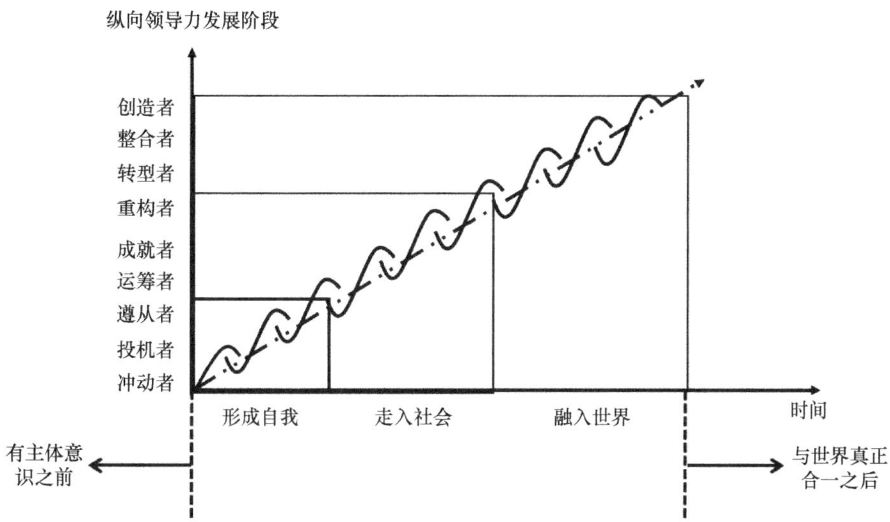

图 7　理想的纵向领导力发展曲线

有人曾问我：纵向领导力到底发展的是什么？

这个问题我也反反复复问了自己很多年。经过多年的实践，我的结论是：纵向领导力发展一方面是发展层级性，即迈向更高的阶段，构建更加复杂的心智模式，用更加整体、多维的视角看待自己、环境及自己与环境的互动；另一方面是发展流动性，即让自己与世界的互动更有效，在互动中实现自己的意图，并推动自己和环境的发展。纵向领导力发展在不同的阶段有不同的关注点，各有自己的特点和局限性。

纵向领导力发展的是对自己、对世界，以及对自己与世界互动的视角、看法和行动力。正如前文所说的登山理论，纵向领导力发展是一个登山的过程，这九个阶段就像不同的海拔，越往上走，站得越高，看得越远，视角越大，只有这样才可能看到这个世界更加复杂的一面。

先看到，再谈做到。只有发展到一个更高的阶段，当一个复杂的世界和一个复杂的自我出现在我们面前时，我们才能更好地评估、解释、预测并参与到改造复杂世界的过程中去。因此，只有迈向更高的阶段才可能呈现出更加灵活多样且有效的领导力行为。

纵向领导力发展的九个阶段之间从宏观上看有一定的线性递进关系，但从微观上看相互之间的界限并不明显。前一阶段走向成熟时，下一阶段的萌芽就产生了，发展过程中涉及的各种要素交错在一起，但总的趋势是沿着九个阶段螺旋上升。

当遇到压力时，我们会回退到更低阶段并表现出该阶段的特征；当内在状态和外在环境相适宜时，我们又会不稳定地突显出更高阶段的特征。但大多数情况下我们会稳定地呈现出某一阶段的特征，一般我们称这样的阶段为中心阶段。

当我们的身心处于最佳状态时，我们会突显出更高阶段的特征，但一般不太可能超越中心阶段两个阶段以上，即运筹者很难突显出转型者的特征（当然，凡事无绝对）；而回退没有这样的限制，一般我们会回退到过去最熟悉或在发展过程中待得最久的阶段，一个比较典型的现象就是很多民营企业家的中心阶段可能会比较集中在成就者阶段，当他们回退时更容易退到投机者或冲动者阶段。我们用图 8 来说明环境场景与突显阶段、中心阶段、回退阶段的关系。

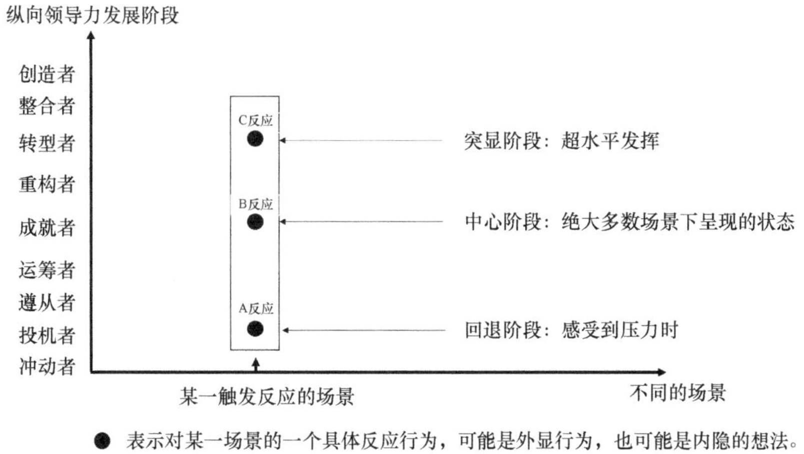

图 8　环境场景与突显阶段、中心阶段、回退阶段的关系

纵向领导力发展与年龄有关系吗？根据多年的实践经验，我的结论是：年龄与纵向领导力发展的阶段有一定的关系，但纵向领导力发展的阶段并不会随着年龄的增长而自然地提升。

纵向领导力发展是一系列事件积累的结果，是人们在工作、生活中与周边环境进行的一系列互动和体验的结果，纵向领导力的发展需要时间的积累。

如果只是在自然状态下，这个过程的发展是线性的，即随着时间的流逝，经历的事件更多，形成的体验更多，认知能力可能更高，就像俗话说的“不经一事，不长一智”。从这个角度来说，纵向领导力发展与年龄有一定的相关性。

但不同的人，经历的事件不同，发展和积累的内容不同，对发展中的各种因素的感知程度也不同，从而呈现出不同的发展速度。

所以说，纵向领导力发展水平与年龄有一定的关系，但并不代表年龄越大，纵向领导力的发展阶段就越高。

比如说，两个人年龄相仿，但面临的环境及与环境互动的复杂度不同。一个长期在单一环境下从事重复性劳动，一个在较短时间内经历并适应了复杂的环境。这两个人在纵向领导力发展阶段上就存在差异，后者所处的阶段很有可能超越前者，心智的复杂程度也要高于前者。

在实践中我们也可以看到有些年长的领导者，其纵向领导力发展的阶段并不一定比年轻的领导者更高，所以我们不能单从年龄来看一个人纵向领导力发展的阶段。

有些人之所以能在同样的年龄段发展到更高的阶段，关键在于其所经历的事件，以及这些事件对其发展产生的影响。俗话说："穷人家的孩子早当家!"从纵向领导力发展的角度来看，这是因为环境的压力加速了穷人家孩子的心智发展，使其可能在早期呈现出比同龄人更高的纵向领导力发展阶段，展现出先发优势。

但是，纵向领导力的发展越往后越难，发展的速度也越来越慢，所以这种先发优势能否保持还要看持续的自我发展情况。在实践中也可以看到，有计划的刺激和发展可以加速个体的纵向领导力发展，从而使其在较短的时间内向着更高阶段完成自我发展。

纵向领导力发展的九个阶段比较复杂，而且有些阶段离大部分人都很遥远。在实际应用中，我们一般只涉及遵从者、运筹者、成就者、重构者和转型者这五个连续的阶段。因此，接下来我就重点阐述一下这五个阶段。

第 5 章 纵向领导力发展的 5 个主要阶段

1. 外交斡旋——遵从者阶段

遵从者的发展阶段如图 9 所示。

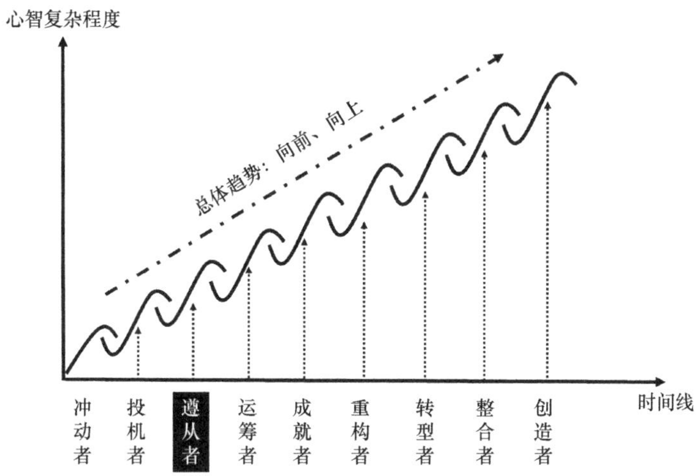

图 9　遵从者的发展阶段

当你听到“遵从者”这个词时，你的第一感受是什么？

要理解什么是遵从者，可以看它的另一个称谓——外交家。这是爱德华·J.凯利在《沃伦·巴菲特的领导力转型》一书中对该阶段的命名，其英文为 Diplomat，直译过来为“外交家”。在我看来，这个命名更能反映遵从者阶段的特征。

在遵从者阶段，人们开始呈现出社会属性，开始意识到自我与社会的关系，并开始在社会群体中寻找自己的角色和位置。

在遵从者阶段，人们从完全沉浸在自我世界的冲动者和投机者角色中走出来，开始从社会和关系的角度看待当下的自我与社会环境之间的互动，开始追求社会共同行为。例如，主动定义自己所在的群体，并将它与别的群体区分开来。有时我们会觉得遵从者在拉帮结派，但实际上他们只是在强化自己属于某一特定群体，他们在赋予这个群体与其他群体不同的特征时，也找到了自己的存在感。

在群体中找到自我，这一点在青少年中比较常见，他们通过标榜自己属于某个群体而找到自己的存在感。从众追星现象也最容易在这一阶段出现。在这一阶段，我们也会看到马斯洛需求层次理论中第三层对归属感的需求的影子。

遵从者体现的领导力特征以和谐为主，倾向于友好、合作、避免冲突，用社会或群体的既定规则和原则约束大家的行为。遵从者特别关注关系——和谐、稳定的互动关系，并会努力促成这种关系和氛围。在遵从者群体中，我们更容易看到“我和我的兄弟姐妹们快乐地生活在一起”的关系状态。

对于群体中的负面情绪，遵从者或者视而不见，或者努力压制——对自己也是如此。横向能力很强的遵从者是勤勤恳恳的“老黄牛”，他们也以此为傲。他们甚至有一种牺牲精神，为了群体的和谐，他们可以做出一些违心的让步和妥协。

但是，如果遵从者为群体付出的行为没有被群体接受或看到时，他们很容易崩溃：群体怎么看我？别人怎么评价我？对遵从者来说，别人的看法很重要，甚至构成了他们内心自我看法的基石。为了得到这些外在的承认和评价，遵从者会体现出忍辱负重的一面。他们希望自己为群体所做的一切都能被别人看到。

有时我们会觉得遵从者很像“好好先生”或“知心大姐”，在我们感到脆弱时，很喜欢与他们在一起。但当我们的自主意识萌芽时，我们又会或多或少地觉得他们这么做不值得：为什么要如此隐忍而不去努力追求自己想要的东西呢？

遵从者阶段是纵向领导力发展中相对稳定的阶段，也是内在的自我不那么成熟稳定的阶段，所以走出舒适区相对较难。在实践中，我们发现发展遵从者是相对困难的，因为在发展过程中产生的变化会让他们难以适应和接受，和谐稳定对他们来说太有诱惑性了。而纵向领导力发展是一个不断打破前一阶段的稳定状态，建立新的阶段稳定性的过程，是一个突破自我、不断打破旧阶段的看法并建立新阶段视角的过程，这对遵从者来说挑战太大了。

正是通过一次次地打破原有的认知和心智模式，重构新的认知和心智模式，我们才能够发展到心智更加复杂的阶段。而纵向领导力发展阶段越初级，经历的打破和重建过程就越少，所以对遵从者来说，在发展过程中，他们的内心充满了恐惧和害怕。

前几天我给女儿买了一辆配置比较高的自行车，但这辆车对她来说稍大了一点，骑起来比较吃力，特别是上下车，因为她的平衡能力还不够。虽然很喜欢这辆新车，但女儿还是选择骑她的旧童车。其实以她的身高，那辆旧童车已经不太合适了，但对她而言，那辆旧童车更熟悉，更容易找到平衡感。虽然它没有变速器，上坡时很吃力，也追不上其他小朋友的车，但她还是很喜欢骑着它在广场玩儿。

在我看来这既是一个故事，也是一个隐喻，一个关于突破与回退的隐喻。这件事让我看到主动走出自己的舒适圈，打破过去的平衡，接受挑战，对一个孩子来说有多难。而对遵从者来说，其所面临的情况与此非常类似。

对遵从者来说，改变和发展的难度很大。因此，在纵向领导力发展实践中，遵从者可能会羡慕达到更高阶段的人，就像我女儿很羡慕那些大一点的小孩骑着装有变速器的自行车自由地追逐。但真要让遵从者改变些什么，他们又很难付出行动，这里面需要改变的勇气和力量，还有不惧艰辛的尝试。

在实际发展遵从者时，教练的压力也很大，因为教练的任务是帮助遵从者发展到更高阶段，以适应企业发展的需要。如果遵从者只是基层员工，其只要具备一定的横向能力就足以胜任工作了。甚至很多领导者就希望下属处于遵从者阶段，因为他们便于管理，比较“听话”。但对高级领导者来说，每时每刻都要面临复杂的决策和选择，要想更好地应对快速变化的环境并主动影响环境，仅仅停留在遵从者阶段是不够的。

从另一方面来看，在企业稳定发展时期，需要的是稳定运行，一个处于遵从者阶段的高级领导者是可以的，甚至是必需的。但在企业加速发展期，或者在环境急剧变化时，处于遵从者阶段的领导者就很难再用和谐稳定来领导企业高速发展或转型以适应环境，这对领导者本人和企业来说都是巨大的挑战。而要应对这样的挑战，领导者必须向更高的一个或两个阶段发展。

发展遵从者的难度在于他们改变的意愿和紧迫度相对较低，因为他们太善于营造让自己舒适的环境，同时遵从者阶段在纵向领导力发展各个阶段中是一个相对很稳定的阶段。因此，发展遵从者是一件比较难的事。在实践中我们常常看到遵从者在纵向领导力发展中进度缓慢，时不时要回退到上一阶段。

接下来我们看一个纵向领导力发展实例，以便更好地理解处于遵从者阶段的领导者所面临的状态及发展情况。

某男 H，40 岁出头，某公司元老级高级管理者，跟着老板从司机干起，至今已经在公司待了 20 年。公司以制造业起家，早些年非常辛苦，H 踏实肯干，不怕苦不怕累，对老板交办的事都很上心。慢慢地，老板开始把一些重要的事都交给他办，并且非常信任他。

公司现在发展得越来越好，规模越来越大，并积累了一定的资源。但随着市场的变化，制造业的利润越来越低。虽然公司有一些专利产品，但可替代的同类型产品越来越多，竞争者为了抢占市场，价格战打了一轮又一轮，利润几乎被压缩得所剩无几。老板开始尝试寻找新的发展方向，公司也在积极做多元化尝试，从老板老家的农产品深加工到新兴的环保产业都有涉足。

随着公司业务越来越多元化，人才不够用了！老板不太放心请来的职业经理人，他希望能派一个信得过的人去负责新的产业板块。H 作为老板的铁杆追随者，几乎成了救火队员，哪里出事就去哪里，一切都以老板的意图为准。公司内其他员工给 H 起了个绰号——“首席钦差”，H 也以有这个绰号为傲，每次从集团去其他部门办事，都要贯彻一番老板的意图，容不得他人说老板或公司一点不好。因其为人做事得体，又是老板信任的人，所以各业务板块的负责人见到他都会对他很客气。

但 H 不知道的是，其实老板对他“爱恨交加”。“爱”他是因为他太忠诚了，他坚定不移地执行老板的意图，正确的要执行，不正确的也要执行。这么多年来，他是老板最得力的干将之一。“恨”他是因为他从来不会主动去想问题，只要他认为重要的事都要请示老板，请老板拿主意。以前，老板很喜欢他这一点，觉得这人办事牢靠，让人放心。但现在企业规模大了，老板自己也很忙，H 还是常来请示意见，这就有点让老板觉得不省心了。特别是现在公司业务越铺越大，老板有些力不从心，所以更希望 H 能真正独当一面。

在老板看来，经过这么多年的相处，H 是久经考验、值得信任的人，而且为公司的发展立下了汗马功劳。老板甚至想把其中一两个业务板块送给 H，作为他多年来忠心耿耿的奖励，同时也让他建立一份自己的事业。

然而，老板有这心，H 可没这意。当老板告诉他这一想法时，H 的第一反应是老板嫌弃他，不想要他了，要赶他走。这让老板有点哭笑不得，又有些无奈。

还有一点让老板有些放心不下，那就是H确实有点跟不上企业发展的速度。现在公司拓展国际化业务，高层都要求学英语，这对只有高中学历、已经40出头的H来说，简直是要了他的命。一些涉外的新兴业务，H几乎很难插手，也帮不上忙。

另外，H在管理上常常“以酒服人”，虽然能搞定一些事，但在培养后辈人才上确实难有建树。其工作风格也与新来的职业经理人发生冲突。H动不动就提当年和老板如何如何，讲得多了，就引起了一些人的反感。

老板也多次找H谈过话。H当面应承得很好，要提升，要改进，也能看到他确实有一些切实的行动，但没有看到什么实质性效果。毕竟人到了一定年纪，学习和改变还是有点难的。再加上他又是元老级的高管，地位和资历都到了一定程度，也弯不下腰，放不下身段。但老板说多了，H面子上还是有些挂不住。

参与纵向领导力发展项目是老板提出来的。为了H的发展，老板操了不少心。各种管理培训课也上了不少，但在H身上看不到太多的变化，所以老板想试试纵向领导力发展这种能根据个人情况精准发展领导力的方法。

在H看来，是老板给了他今天这一切。与那些一起长大的伙伴相比，他也算成功人士了。但他也有压力，现在正值中年，上有老，下有小，日常花销也不低。如果换个单位，换份工作，肯定没有现在的待遇这么好，也不会有这么多的机会。因此，H对老板提出的发展建议从来都是来者不拒的，至于能做成什么样子，他自己都不能保证。对老板这次推荐的纵向领导力发展项目，H也是抱着“先看看再说”的心态。

老板把我介绍给H后就离开了，让我们自己聊。在看似亲切友好的氛围中，H跟我聊了很多。但很显然，我们在谈一件“公事”，他不认为我能帮助他做些什么，而且他对纵向领导力发展不以为然，但因为这个项目是老板推荐的，所以他还是愿意试试。

当看到自己纵向领导力测评的结果显示其中心阶段是遵从者时，H 的反应很强烈，表示自己不可能是遵从者，至少是重构者，这个测评结果肯定有问题！

我没有与他争论结果准确与否，而是从报告中显示的关于遵从者在意识焦点、对待权力的态度、人际交往风格、内在的顾虑、阶段发展优势和阻碍等方面的典型特征与他展开了对话，一一核实了他的内在想法和实际行动。一小时后，他不再像一开始那么激动了，最后说了一句："这不是我想看到的结果，但我不得不接受这个事实，这件事对我的冲击太大了！"

经过再三考虑，H 决定参与纵向领导力发展项目。其实 H 也不是完全不知道老板的想法，只是他不想去面对，也不敢去面对。用他自己的话说，"我从来都不愿意触碰这个话题，甚至连想都不想，但这几年我明显感觉到自己越来越力不从心，有点跟不上老板的思路了"。

发展一个人的纵向领导力本身就很难，发展一个处于相对稳定的遵从者阶段的人更难，而发展一个像 H 这样的人更是难上加难。

首先，H 很聪明，智商和情商都很高，反应能力很强，横向能力也很强。他很快就能理解我要做什么，甚至在纵向发展知识输入阶段，他会反过来对我说纵向领导力是什么。但我也经常向他提出一个问题："知道这些对你自己意味着什么？"这个问题能够把他引向对自我发展的思考。对处于遵从者阶段的人来说，他们还无法清楚地理解这个问题所包含的自我主导意识，以至于不知道该如何回答。当然，如果只是为了回答而回答，对 H 来说不是什么难事。所以 H 更容易停留在"我知道这是怎么回事"的状态，很难真正迈出发展的第一步。

其次，H 在纵向领导力发展这件事上的动力明显不足。在学习了纵向领导力发展的基本地图和发展逻辑之后，似乎每次的教练对话就变成了例行公事。直到有一天，我们产生了如下一段对话：

我：你怎么看我们的教练对话？

H：很无聊！

我：为何不选择放弃？

H：我不想辜负老板的一片好意！

从这段对话中我感受到他本人是没有动力去发展纵向领导力的，这只是老板安排的任务，而他觉得应该听老板的。老板的想法对H来说是一个重要的外在影响因素，而对于自己内在的真正意图，处于遵从者阶段的H是不清楚的，所以像H这样的人习惯受外在的影响，同时也喜欢借助外在的因素来影响别人。他们通过外在的比较找到自己的位置，并主动调适自己的行为以便适应环境，这也是遵从者认为自己是转型者的重要原因。

与转型者相比，遵从者缺乏自己的主导意识，在被动地适应环境，而转型者对环境有深刻的理解，有自己的主导意识，并在这样的前提下有计划地改造环境。

缺乏内在改变动力的遵从者缺乏主动发展自己的愿望、意识和行动，再加上他们倾向于避免冲突，容易兼容差异性，更容易让自己陷入一个舒适的假象，这也是发展遵从者比较困难的原因之一。

综上所述，遵从者关注外在形象，在意别人对自己的看法；他们喜欢与群体保持一致，力求行为得体，遵守规矩，避免冲突，关注群体中的人，渴望归属感，具有较强的服从性，害怕被群体排斥，缺乏内在的自主意识。当然，推己及人，他们也会给予别人更多的关注。

遵从者是群体稳定的基石，但也可能因抗拒变化而成为群体发展的阻力，遵从者的两面性使其既可能成为组织稳定的支持性力量，也可能成为组织变革的阻碍性力量。

只有当遵从者感受到自己无法应对环境的变化，并希望有所作为时，纵向领导力发展下一阶段的大门才可能为其敞开。

2. 匠人精神——运筹者阶段

运筹者的发展阶段如图 10 所示。

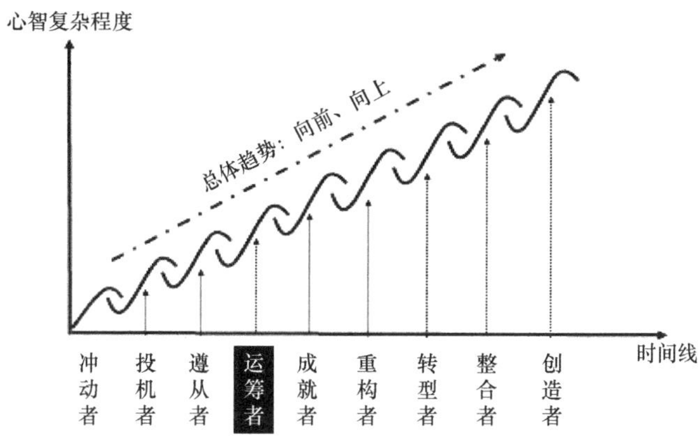

图 10　运筹者的发展阶段

当遵从者开始从对群体的依赖走向拥有独立的自我意识时，当他开始关注“我”的感受时，就意味着他要开始向运筹者阶段发展了。

运筹者秉持的是专业主义视角。只有当一个人的横向发展到一定程度，并拥有一套理解世界的心智模式时，这个人才会发展成为具有专业主义视角的运筹者。

我们身边总有这样一些人：他们运用专业名词解释发生的一切；提起专业内容时满满的自豪感。在管理中，运筹者经常会用自己的专业视角去解决所有问题。这就像当我们有一把扳手时，就会把身边所有的事都当成螺丝钉；当我们是医生时，就会把所有人当成病人；当我们是律师时，就会把所有人看成未来的诉讼当事人；当我们是会计师时，这个世界就是数字的集合。

运筹者的意识焦点从遵从者喜欢的关系转向对这个世界运行原理的好奇，他们喜欢研究世界。逻辑、规律、结构、要素、关系成为他们关注的重点，他们开始发现世界其实是有自己的运行规律的，而他们需要学习、理解这些规律，并找到事物之间的因果关系。

运筹者相信科学，他们会从解剖学的视角来理解世界，并有很强的探究精神。掌握更多的信息、懂得更多、比别人更聪明等是运筹者不断学习和发展的动力。他们追求自己独特的理解，并希望这种理解被别人接受。

很多人大学毕业后都可能发展到运筹者阶段。他们带着专业主义的视角走上工作岗位，并运用专业能力，参与到与环境互动的过程中。

运筹者体现的领导力特征以专业至上、工匠精神为主。他们倾向于对事物的权威理解和专业解释，并以自己能使用专业性的描述为傲。在运筹者眼中，一句不够专业的评价会让他们备感压力，个人的所有价值会在这句评价面前变得苍白。为了配得上“专业”的称谓，他们努力让自己显得很专业，使用特殊的专业用语，从而产生了专业的小圈子，并设置了入圈的壁垒。他们谈论深奥的（相对于非专业群体来说）的话题，运用专业知识和技能解决常人解决不了的问题。

运筹者有时候像一个武士，他们会把自己的专业知识打造成为坚硬无比的铠甲，并通过不断的学习，让铠甲覆盖全身，以保护自己的安全；同时，他们把专业的方法和工具熔炼成利刃，披荆斩棘，去解决所面临的各种问题，从而建立自己的荣誉和权威，让人们尊重甚至敬畏他们。武士与他人相处时，他们的第一反应是评判对方“武功”行不行、专不专业、要不要过两招一较高下。当对方提出不同的意见或质疑他们时，他们常常认为这是一种挑衅，必须拔刀相向，一决胜负；当发现对方是“高手”时，他们就会为其折服，顶礼膜拜，将其所言所行视为楷模。

所以运筹者也会出现追星现象。但运筹者的追星与遵从者的追星不同，运筹者是因为看到别人能力更强而拜服并追随；遵从者纯粹是因为大家都追星，自己不追好像太不合群了，于是就跟着一起追星。通俗点讲，运筹者追的是“演技派”，遵从者追的是“偶像派”。

在专业的世界里，运筹者们构建了自己的社会秩序。同一专业领域的一群武士聚在一起会建立以专业领域为墙的城堡，在城堡内以专业能力划分座次，能否进入他们城堡需要进行专业审核。“投名状”（专业背景）是必需的，他们站在城墙上监视外面的世界，当感受到威胁和质疑时，他们会用专业的“利刃”与对方交锋论战，一定要比出输赢。如果无法取得专业上的胜利，他们会躲在城墙之后，以专业做掩护。在这个城堡里，没有一技之长的人会被排斥。

运筹者处于一个发展的分化阶段，他们不断地用科学来解构这个世界，并用专业的知识来构建自己对这个世界的理解。他们对世界的好奇和研究的精神，是推动他们不断发展的动力。在自我发展过程中，他们经历了从无到有的建立专业视角的过程，也经历了有意识地从遵从者迈向运筹者的过程，所以虽然他们不断地强化自己的专业性，但改变的种子已经在他们内心深处种下。他们还是会服从权威，但他们会有选择地服从，服从那些在专业领域超越自己的权威，同时渴望自己成为权威，接受人们的敬仰。所以，当他们意识到可以超越自我时，他们是愿意改变自己的。

运筹者阶段的前期和中后期之间有很大的差别。

前期是建立专业视角的过程，这一时期，运筹者的专业视角还不稳定，对外界的排斥性可能会更强，缺乏包容性。例如，那些对专业了解不透，但又依靠专业来建立权威的“半罐水”管理者，就处于运筹者阶段的前期。他们常常具有很强的排他性，动不动就谈论专业，或者挥动专业的“大棒”去攻击那些拥有不同观点的人。

当运筹者发展到中后期，他已经养成了从专业视角看问题的习惯，这时他就会慢慢发现自己的局限性。就像古希腊哲学家芝诺说的：“如果用小圆代表你们学到的知识，用大圆代表我学到的知识，那么大圆的面积是多一点，但两圆之外的空白都是我们的无知面。圆越大，其圆周接触的无知面就越多。”运筹者一旦意识到自己的局限性，就意味着他即将朝着下一阶段迈进。

运筹者阶段是绝大多数领导者走上领导岗位的起点。因为大多数情况下人们获得晋升是因为专业上有一技之长或具备专业视角，能解决企业发展过程中的问题。遵从者会因为资历、关系或横向能力突出而获得晋升，运筹者则靠出类拔萃的专业能力获得晋升。

在纵向领导力发展实践中，我们常常很难区分横向发展与纵向领导力发展中的运筹者阶段之间的关系，因为看起来两者有重叠的部分，如都体现为运用知识、工具、经验、方法和技能解决具体的问题。

那横向发展与纵向领导力发展中的运筹者阶段有什么区别呢？

在实践中，我们发现，纵向领导力发展的阶段代表一种心智模式，在与环境的互动过程中，纵向领导力发展阶段更关注与环境互动的过程，而横向发展更关注与环境互动的方式和内容。纵向领导力发展和横向发展阶段的不同如图 11 所示。简而言之，纵向更多地关注不同的认知视角，横向更多地关注具体的内容和方法。

运筹者阶段代表的是一种看待世界的方式，一种世界观，一种心智模式，或者说一种信仰。当我们从专业视角来看待自己及自己与世界互动的模式时，我们就将这个世界专业化了。横向能力只是其中的一个组成要素。例如，当我们从医生的专业视角看世界时，世界上到处都是病人；当我们从建筑工程师的专业视角看世界时，这个世界就是一个大工地；当我们从律师的专业视角看世界时，这个世界就是由人性和规则构成的。而横向能力是指医生能不能治好病人，建筑工程师能不能盖出图纸上画的建筑，律师能不能运用专业知识处理法律诉讼。纵向领导力发展是从不同的阶段看世界，而横向发展是在相应的阶段展示自己的能力。纵向领导力发展阶段和横向能力复杂度的对应关系如图 12 所示。

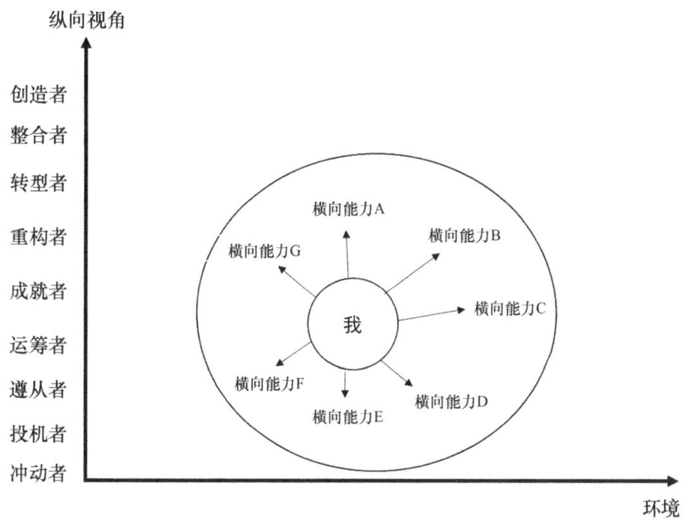

图 11　纵向领导力发展和横向发展阶段的不同

大多数领导者在职位或任务发生变化后，会面临适应陌生环境的问题，遇到环境压力时，他们会本能地回退到运筹者阶段，开始陷入专业主义的局部细节视角，自动开启问题分析和解决模式：不停地开会、找数据、做分析、拟订方案，并试图在困境中找到一些确定性和希望。

但运筹者的专家思维注定了其看问题的局限性。我们必须承认，运筹者运用专业视角，能够看到问题的一部分，就像黑夜中的一束光，照亮了前方。但是，专业视角只能看到问题的一部分而无法看到全貌，而且局部之和并不一定等于全貌。无论局部分析做得多好，我们都很难根据细节了解全貌。

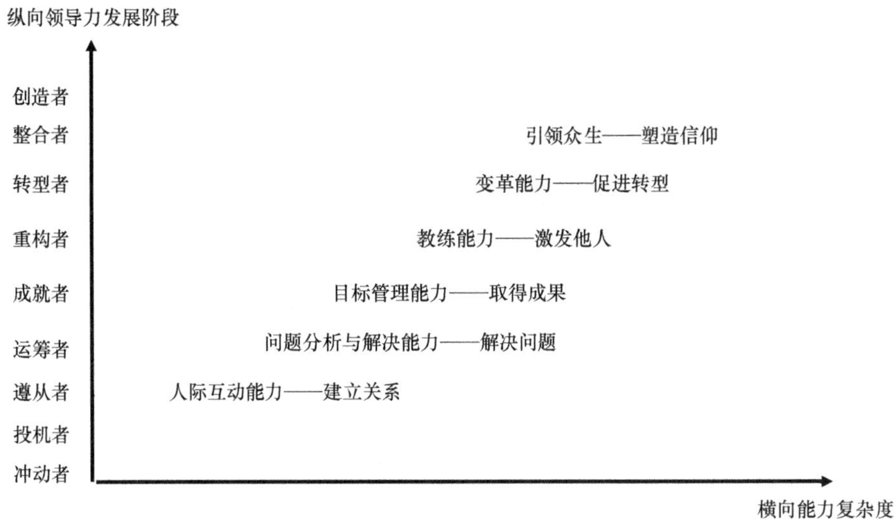

图 12　纵向领导力发展阶段和横向能力复杂度的对应关系

接下来我们就用生活中的例子来理解一下纵向领导力的运筹者阶段特征对任务结果的影响。

前几天几个朋友约着一起玩剧本角色推理游戏。我们选的是一个谍报题材的剧本，每个人所扮演的角色都有自己的任务，大家的共同任务是找出一桩命案的凶手。这是一个破案游戏，现场有很多线索和信息，每个人都有自己的任务、自己的意图，所以各种真真假假的信息和线索出现在我们面前，所有人逐条分析自己掌握的信息，以使案情更加明朗，所有人都在表达自己“正确”的理解，并在最后找出了大家认为的凶手。但最后的结果出人意料：一是凶手找错了；二是所有人都忙着找凶手，而忘了整个事件大的走向，最后让其中一个玩家得逞，将所有人都“杀掉”并赢得了游戏。游戏中最激烈的环节就是大家的举证、分析，因为大家都面临同一个压力——必须找出凶手。因此，所有人都“开着手电筒看世界”，并将各自收集的线索和信息拼凑在一起，最后“成功地”将所有人带进了沟里。

看完这个例子，让我们再来理解一下诺基亚公司 CEO 约玛·奥利拉在公布同意被微软收购时说的一句话:“我们并没有做错什么，但不知为什么我们输了。”运筹者阶段的领导者更容易取得战术上的成功，而忽略整体的目标和方向。

在处理常规问题或企业发展相对稳定时，遵从者或运筹者阶段的领导者都可以应对所发生的一般性事件。但当企业处于高速发展期或转型期时，遵从者和运筹者阶段的领导者在处理问题时就会有些吃力。

接下来我们看一个发展实例，了解运筹者阶段的领导者的状态。

某公司人力资源总监 I，已经为这家公司工作 5 年了，公司主要从事大型专业设备的研发、生产和销售。“我们是一家专业公司！”公司里的所有人都把这句话挂在嘴边，并以此为傲，I 也是如此。

I 大学期间学的是工科，毕业后先从事技术岗位，之后公司把她转到了人力资源部，这一做就是十几年。在这十几年中，I 从一个人力资源小白，成长为一名人力资源专家，精通人力资源的各个模块，还常作为特邀嘉宾出席各种论坛做主题演讲。每次演讲结束后，都会有很多同行围着她讨论各种问题。

在公司内，I 以严谨、专业而闻名，但时常会和其他部门发生冲突，大多数冲突都以 I 占上风结束。CEO 对 I 是又爱又恨，“爱”她是因为她能解决几乎所有人力资源方面的问题。“恨”她是因为她经常与其他部门闹矛盾，并且每次都会让 CEO 评理，这让 CEO 不胜其烦。不过其他部门虽然对 I 谈不上好感，但觉得她除了喜欢较真，别的方面都挺好的，也没有什么私心，甚至有时像孩子一样单纯，再加上大家对她的专业能力也都很服气，所以大家都维持着表面上的和气，如果不涉及原则性问题或重大利益，大家也不愿意和她发生冲突。I 在公司有个绰号："总有理"。她对这个绰号不以为然，甚至还有几分得意，至少在她看来，大多数情况下她都是对的，她掌握着真理。

对待下属，I 以严厉著称，行文的标点、排版的错位，这些都是不可原谅的错误，以至于下属每次汇报工作时都胆战心惊。虽然I不太发脾气，但时不时来一句"你太不专业了"的评价，让下属有一种窒息感。

I 不但对下属严格，对自己的要求也很高，她给自己制订了严格的自我管理计划，从作息时间到身材管理，再到工作学习计划，一切都要井然有序，下属背地里都叫她"灭绝师太"。

有一段时间，I 的状态很不好，CEO 了解到是因为I的家庭关系出了一些问题。因为I的儿子和丈夫受不了她把工作中的状态带回家中，于是和她爆发了很严重的冲突。这对她影响很大，以至于她在工作中状态不佳，而且与同事之间的冲突更加频繁。最近公司正在经历一场大的变革，作为主要协调人的 I，在这个过程中的作用非常重要。

CEO 有点担心I的状态，曾私下建议她去看一下心理医生，但她不以为然。后来 CEO 找到我，希望我和 I 聊一聊，看看从自我发展的角度能不能给她带来一些积极的变化。

第一次见到I时，我看到的是一位优雅而干练的职业女性，只是略显憔悴。礼节性的寒暄之后，她提出了三个问题：纵向领导力是做什么的？你如何发展我？需要我做什么？这三个问题虽然有点"硬"，但直奔重点。当提到纵向领导力是源自自我发展心理学时，她来了兴致。因为工作需要，她也学过心理学，所以我们聊得很深入，她问了很多专业问题，我都一一做了解答，看得出来，她对我的回答很满意。有了这样一个共同话题，她很快就开始向我了解什么是纵向领导力。我简要地介绍了纵向领导力的几个阶段后，她快速地做了一下自我评估，认为自己的运筹者阶段特征更多一些，也看到当前面临的状况可能与自己的纵向领导力发展阶段有一定的关系。

接下来我们谈到了如何发展纵向领导力的问题，她对我的教育和从业经历很感兴趣，问得也比较仔细，看得出来，她在寻找我能帮她做好纵向领导力发展的证据。她对我能逻辑自洽地把纵向领导力发展与她需要解决的现实问题结合起来表示满意，并觉得需要她做的事很简单，纵向领导力发展这件事不需要她付出太多额外的时间和精力。谈话的最后，我们聊了聊如何评估发展效果的问题。

这次谈话除了帮助她理解当前状况产生的原因，也帮助她找到了解决问题的方法，还帮助她澄清了过去心中的一些困惑。所以最后她选择加入到纵向领导力发展项目中来。

当运筹者开始从专业的视角理解自己、理解世界、理解自己与世界的关系时，稍有不慎就会掉进专业主义陷阱。运筹者的专业视角既能帮助他们形成认知世界的一种心智模式，与此同时也会造成他们局限于专业的视角从而只看到世界的局部。如果没有开放的态度和对不同专业领域的好奇，运筹者往往会在认知中陷入专业视角的认识偏差。

运筹者是一群思路清晰、善于也喜欢解决问题的人。他们追求规则和确定性，是非分明，对事的兴趣远大于对人的感受。他们理性且知识丰富，做事讲求正确性，担心自己无知，害怕迈出专业的舒适区。他们渴望赢得专业上的权威和尊重，以至于有时我们觉得运筹者有一些“拧巴”和自负。

运筹者是维持组织有效运行的主力群体，但他们专业上的特立独行、互不服输的态度会给合作带来一定的困扰，如果在运筹者群体中没有成就者意识，冲突和分裂就会成为组织中日常互动的主旋律，相互鄙视也可能发展成为一种团队文化。

运筹者虽然很较真，甚至有些“杠精”，但他们认真工作的态度和对专业精神的坚持，很值得我们欣赏。

当运筹者开始放下专业视角，把意识焦点转向需要实现的目标和结果时，纵向领导力发展的下一阶段的大门将为其敞开。

3. 关注结果——成就者阶段

成就者的发展阶段如图 13 所示。

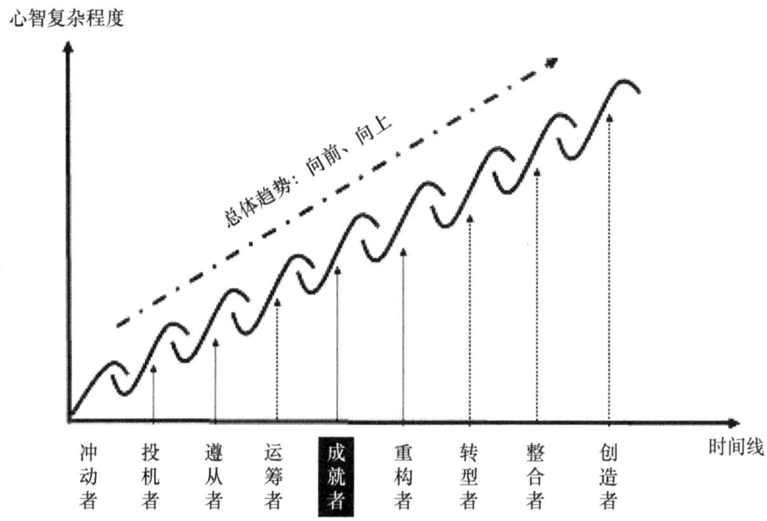

图 13　成就者的发展阶段

成就者属于做事果断、雷厉风行、一切用实力说话的那种人。他们目标明确，行动迅速，以结果为导向。他们不关心你生于何处、有何经历，也不关心你的头衔有多显赫，他们只关心两个要素：目标和结果。

成就者一般都在自己的目标之路上奔跑。他们明确地知道自己要什么、不要什么，所以杀伐果断。对能否实现目标的焦虑让他们把权力紧紧地抓在手里，他们希望把目标的实现变成一个可控的过程。他们也明白环境是多变的，所以当环境限制了他们实现目标时，他们会选择替代方案，或者选择其他灵活的手段来渡过困境。

在成就者的心中有一个明确的“我”，这个“我”能通过目标的设定和实现来与世界互动，并乐此不疲。显然，世俗世界对成功者的回报也是慷慨的，名和利是他们实现目标之后的战利品。在现实中，我们常常看到那些成功人士更多地体现出成就者的特质。与运筹者用知识塑造权威不同，成就者用功勋来装点人生。

成就者在领导力行为特征上以成就导向为主旋律，倾向于实现目标、达成结果、创造价值。在这个过程中，他们赏罚分明，规则清晰：对于能促成目标实现的人或事，他们会多加鼓励；对于阻碍目标实现的人或事，他们会及时止损。

成就者在工作中讲求实效，并不像运筹者那么关心正确性和合理性。他们在工作中为了实现目标会更加灵活变通，可以容忍灰度，但责任感会让他们不像投机者那么没底线。

成就者会为了达成目标而促成合作，甚至做出妥协。成就者专注于实现目标，对于具体的实现方式和方法，他们的观点是：“白猫黑猫，逮住老鼠就是好猫！”他们惧怕不能实现目标的挫折感，所以有时会有些焦虑或紧张，甚至控制不好自己的情绪。

成就者阶段是纵向领导力发展中又一个相对稳定的阶段。处于这个阶段的成就者重复着“目标—完成—下一个目标—完成”的循环，不过目标可能变得越来越具有挑战性。不过成就者喜欢这种挑战，在他们看来，完成别人完成不了的目标才是彰显自我的最佳方式。

在成就者不断地用更大的目标挑战自我的过程中，环境给他们的回报也是巨大的，特别是名和利，这让他们更加坚信这些挑战都是有价值和有意义的。

所以，让一个功成名就的成就者突破自我，继续向纵向领导力的下一个阶段发展还是有一定难度的。难度在于从某种意义上说，成就者已经达到了职业巅峰，再让他们打破对目标的执着，正视自己的局限性并接受这种局限性，太难了。在实践中我们常常看到一些领导者对自己成功的过往经历颇为自负，甚至产生迷之自信。

前面提到，纵向领导力发展是一个从形成自我、进入社会，再到与环境融为一体的过程。成就者已在现实社会中达到了多数人认为的成功状态，这时候让他放下强大的自我，放下那份坚韧，让自己变得柔软而有人情味，更多地关注硬性目标之下的软性情感动力，还真有点难。

我有一个朋友是一家管理培训公司的老板，平时见过的各种专家运筹者也比较多。有一次我去找他沟通课程方面的事，我才把要讲的内容说了一半，他就打断我，开始提出一堆问题：你怎么看你这个课程？你这个课程讲给谁听？谁是你的客户？你的课程有什么价值？你给客户解决了什么问题？课程中最关键的是什么？我如果向客户介绍你的课程，重点讲哪几点？

一个目标和结果导向的成就者跃然而出！

经过长期职业训练的运筹者一般会按照“是什么（what）”“为什么（why）”“怎么做（how）”的顺序来表述一件事。而对成就者来说，他们更关心这件事能产生什么结果，以及影响结果的关键点，最后才谈可能对结果产生影响的细节。所以一听到别人絮絮叨叨地讲过程、讲细节，我这位成就者导向的朋友一定会主动把话题拉回到目标、结果、重点上来。

纵向领导力发展的任何一个阶段都无法单纯地用好或坏来评价。我们在看待纵向领导力发展这件事时，本身也从自己所处的纵向领导力发展阶段的视角去看待。

例如，作为遵从者，当你看到越来越多的领导者接受某套理论时，你可能就觉得自己也应该了解一下，至少以后和别人聊起来时不会太尴尬。这套理论好不好取决于大家是否广泛接受它。

而作为运筹者，你会更多地关心这套理论是怎么发展出来的、它是什么、由什么组成、合不合逻辑。这套理论好不好取决于它“科不科学”。

作为成就者，你可能更关心这套理论能用来做什么，运用它需要什么条件，以及如何才能运用好它。这套理论好不好取决于它能帮助你做什么。

在企业中，大多数高级领导者都会呈现出成就者阶段的特征，这可能是自然筛选的结果。企业作为商业性经济组织，是为盈利而存在的。企业从成立那天起，就有明确的生存和发展目标，能完成这些目标的人，将在企业中获得权力和利益的回报；那些不能帮助企业达成目标的人，只能被淘汰。这种淘汰机制自然就形成了一个筛选过程，最后留在企业中的人至少都是成就者。

那些能带领大家共同实现企业目标的成就者，会获得晋升，成为领导者。那些钻研技术、具有工匠精神并有一技之长的运筹者会成为骨干员工。那些依附群体，运用自己掌握的横向知识经验、工具、方法的遵从者也能在企业中谋得职位，甚至因其体现出对群体或某个人的忠诚而获得晋升。

接下来让我们一起看一看，在企业中一个典型的成就者会有怎样的表现。

J 是某公司的技术总监，是未来总经理的人选。这家公司已经成立 16 年了，主要从事互联网相关技术服务。J 是技术出身，尤其擅长项目管理，并以坚韧而出名，公司难处理的项目一般只要他出马，都能顺利完成。虽然 J 是技术出身，但他很少与人争论技术问题，他更喜欢与人讨论方案的可行性。

J 是个工作狂，基本没有私人生活，公司就是他的家，为此家人对他时有抱怨，但他并不太在意。J 看起来是一个有些腼腆和内向的人。但一说到他做的事，他就变得很健谈，特别是当他提到自己完成的那几个在行业里很有影响力的项目时，更是兴奋之情溢于言表。跟他谈话时，人们总有一种时不我待的紧迫感。他做事时也会给人带来压迫感，总是催着人们往前跑。

每次 J 负责的项目结束后，他都会与同事们一起喝酒，每次都喝得酩酊大醉，并反复抱怨："我的压力太大了！"可第二天酒一醒，他根本不会在同事面前提什么压力。

在下属面前，J 像个带头大哥，虽然要求严厉，但赏罚分明；在同事眼里，他总带着某种攻击性，特别是当有人影响他负责的项目的进度时；在上司眼里，他就是一员战将，战无不胜，攻无不克；在家人眼里，他是一个对自己要求很高，不允许自己失败的强人，在带给家人丰富的物质财富的同时，又让家人感觉难以亲近。

看到 J 长期处于一种紧绷的状态，上司很担心。J 的上司已临近退休，正逐渐退出具体的管理工作，开始把很多重要的事交给他。从 J 当前的表现来看，他的业务能力没什么问题，但如果让他担任负责全局工作的领导者，J 还略欠火候。公司里也并不是人人都服他，特别是他不惜一切手段完成项目的做事方式，给别人带来了不少麻烦。他略显强硬的做事风格也为他树敌不少。

为了提高 J 接任总经理的成功率，我和他聊了纵向领导力发展，并就他的测评结果展开讨论。面对中心阶段为成就者这一测评结果，J 认为与自己的现状还是很吻合的，但他更关心的是如何改变当前的状况。

对一个成就者来说，甚至对任何一个阶段的人来说，当他意识到自己所面临的问题时，就意味着改变的种子已经在他心中萌芽，他的纵向领导力发展也有了更大的可能性。

成就者就像勇往直前的战将。面对困难时，他们百折不挠，敢于迎难而上。

在公司刚刚创立或拓展新业务时，他们可以帮助公司“攻城掠地”，实现组织意图。但对一家已经有 16 年历史的成熟公司来说，当前最需要的是有人能推动公司创新变化，找到新的增长点，并让组织焕发活力。如何在公司已有的历史和沉淀与现实变化的环境之间建立新的互动关系，是公司当前面临的挑战。

在公司，J 的过去可以说是“战功赫赫”，业务能力也有目共睹，但能面对自己的不足，朝着纵向领导力的更高阶段发展，对 J 来说是一个挑战。

一开始，J 不确定自己能否实现发展并解决自己所面临的问题，同时对公司启动纵向领导力发展这件事也不是特别理解。他认为应该把钱更多地花在解决实际问题上，也不相信和我打个电话“随便”聊一聊就能得到发展。他认为只有踏踏实实地把具体的事做好、把公司推入新的高速发展的轨道才是正事。

在发展过程中，J 发现了一件让他无法接受的现实——他缺乏想象力，特别是缺乏对未来愿景的想象。他认为这些都是虚无的，远不如实际做些事更实在。这样的结果就是每个人跟他一起工作时都觉得像在高速公路上奔跑，虽然能获得丰厚的回报，但身心疲惫。面对一个又一个目标，他总是冲在最前面。当目标实现时，他马上向着下一个目标发起冲锋，永远止境。虽然大家历经艰难达成目标后也会有强烈的成就感，但这种工作方式让他和他的下属越来越感到迷茫——什么时候才是尽头！

J 有时也会给下属画饼，但他自己都不太确定能不能实现这张饼。在他看来，未来的愿景都是虚的，只有实现了一个又一个目标，拿到了自己想要的结果，才是实在的。

在 J 乐此不疲地追求实现目标的成就感时，追随他的老员工们也越来越现实，只谈收入，没有人再谈希望。随着收入的增长，大家反而越来越缺乏动力和干劲。新员工也有样学样，当他们失去了最初实现目标的新鲜感和兴奋感后，也开始变得疲沓而现实。看着下属们越来越呆滞的眼神，J 感觉自己的步伐也越来越沉重，带团队时也越来越累，越来越力不从心。

就在这个时候，公司把未来发展的希望寄托在他身上，这让他感到很茫然。面对这么庞大的公司、上下级期望的眼神、一片混沌的外部环境，他必须带领公司穿过迷雾，走向新的未来。对 J 来说，压力巨大！

当 J 意识到之前那些为自己带来成功的种种行为已无法应对当下的管理场景时，当他看着身后一群疲惫的老员工时，当他看着公司急待转型的现实需求时，一股发展的火苗开始在他心中慢慢燃起。

J 是我在纵向领导力发展实践中遇到的一个典型的成就者。

成就者是从运筹者阶段发展过来的。在企业中，运筹者很容易成为骨干而被提拔，当运筹者坐到管理者的位置时，环境要求他必须像成就者那样行为处事。无论面临多少困难也要勇往直前，杀伐果断，执行到位，使命必达。正是这些成就者的行为和特质才让他们在管理者的岗位上取得了巨大的成功。

成就者是一群行动力超强、内心坚韧甚至有点冷漠的人。他们内心充满了实现目标的强烈使命感，带着一种勇往直前的英雄气概。他们努力工作，认真负责，具有极强的权威性。他们对自己有极高的要求，担心失去目标或目标无法实现，也无法容忍失败。

但需要注意的是，成就者的成功是建立在有明确目标和相对确定的环境基础之上的。如果目标不明确，所面临的环境一片混沌，又想不断前进，成就者就很难实现成功。同时，成就者紧盯目标、勇于进攻的意识也常常让他们忽略有效的防守，就像勇猛的拳击手有时会因为出拳过猛而让自己失去平衡或露出空档。

这可能也是为什么有些企业过去取得了巨大的成功，却在后来的发展中很快陷入困境。这些企业很有可能有一个成就者导向的领导者，他运用过去的经验取得了成功，并希望将这些经验套用在未来变化而不确定的环境中，最终陷入困境，无法带领企业持续成功。

我们需要像成就者那样的领导者，围绕目标锲而不舍，行动迅速，言必行，行必果。但面对不确定的未来，我们更需要那些看透世界的本质，并能在心中构建未来、传递愿景和希望的领导者。而这些领导者常常以重构者的形象出现。

成就者决定了企业的生存状态，要想实现企业的可持续发展，还需要靠重构者。

4. 推陈出新——重构者阶段

重构者的发展阶段如图 14 所示。

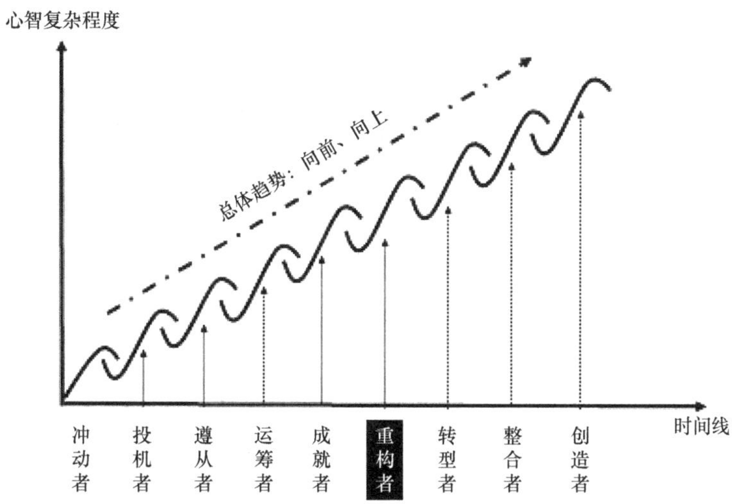

图 14　重构者的发展阶段

重构者是一群对未来充满了梦想和期待的人！“重构者”一词隐含着一丝“化腐朽为神奇”的力量。

事实确实如此。重构者总能看到别人看不到的事物，能透过事物的现象看到本质，他们是真正窥探到世界内在运行规律的人。重构者不再像成就者那样执着于目标本身，他们开始关注如何创造不同，他们是一个真正具有创造力的群体。

重构者是一群充满想象力的人，或者说是一群有梦想的人。当我们与他们聊天时，他们总是会迸发出一些奇思妙想，而这些想法并不一定是他们凭空想出来的，很可能是他们平时对周边环境的深刻而独特的理解，只是在对话过程中被激发了出来。

重构者既不像运筹者那样非黑即白，也不像成就者那样一门心思盯着目标和结果。他们总是一分为二地看问题，但又始终保持中立。正是因为他们能同时看到事物相合相冲的两面，所以他们对事物的理解会有一种超越常人的独特性。

重构者在洞悉世事的同时，也会看到自己的局限性。他们意识到凭一己之力，对世界的影响是相对有限的；要想实现自己的梦想，需要更多人的共同努力。对重构者来说，合作是他们的本能。因为他们意识到不仅自己有局限性，每个人都有局限性，大家通过取长补短，重新组合，成为一个强大的群体。

因此，对重构者来说，合作共赢是理所当然的事。他们会主动建立合作，与他人协同互助。在他们看来，世界本来就应该是这个样子的，大家优势互补，共同构建成功的未来。

重构者对这个世界充满了好奇，他们除了关注事物外在的“形”，更关注事物内在的“质”。

运筹者看重的权威，成就者看重的名利，对重构者来说都是身外之物，随时都会发生变化。而做自己喜欢做的事，与一群人共同实现梦想，做些对更多人有价值的事，这些才是重构者所看重的。所以有时重构者会给我们留下一种特立独行的印象。重构者有时会很感觉很孤独，因为大多数人都无法真正理解他们所看到的未来“真实”的世界并与之产生共鸣。

重构者处于纵向领导力发展的分化阶段，所以会感受到各种不确定性，并在各种新想法面前略显迷茫。有时他们也会有内在的矛盾和冲突，但他们已经习惯了与矛盾和冲突和平相处。对他们来说，化解矛盾和冲突最好的办法就是展望未来，并在变化发展中创造未来。他们将现实的矛盾和冲突都转化成实现未来成功的动力，这是重构者处理与周边环境关系的主要模式，所以重构者非常擅长在发展中解决问题。

很多领导者的口号都是“在发展中解决问题”，但运筹者很难理解这一点：为什么不解决问题就能获得发展呢？难道不是先解决所有的问题才能获得发展吗？而对重构者来说，问题是解决不完的，所有的问题都需要放到发展的范畴来看待。只要问题不影响发展的主线，就不需要马上去解决，随着时间的推移，有些问题在下个时间节点可能就不是问题了。

重构者通常是能在企业中推陈出新、带动企业可持续发展的领导者。成就者能使企业更好地生存，而重构者可以推动企业的可持续发展。

苹果公司联合创始人史蒂夫·乔布斯和特斯拉公司的埃隆·马斯克身上带着浓厚的重构者特征：他们不走寻常路；他们对这个世界有超出一般人的独特理解，并通过商业行为来实现自己的梦想，同时在这个过程中深刻地影响着身边的人。一个个令世人惊叹的目标的实现，对他们来说只是为了让他们离梦想更近一些而已。

相对于背负着实现目标责任重担的成就者，重构者给人们的印象是更轻盈、更虚幻。如果说成就者是一群现实主义者，那么重构者更像一群理想主义者！如果说成就者活在现实中，那么重构者则活在梦想中。

在纵向领导力发展的各阶段，成就者和重构者之间形成了一个分水岭。成就者是“实”的巅峰，而重构者是“虚”的起点。成就者代表现实世界中一种相对理想的状态。他们在完成一个又一个目标的过程中积累了大量的财富和荣誉，看似拥有无上荣光，甚至活成了传奇；但与盛名相伴而生的是身上的重担，他们不得不背负名利艰难地前行。所谓“物极必反”，沉重到了极致，就可能迸发出轻盈的萌芽。所以，成就者的“重”可能是走向重构者的“轻”的前奏。从纵向领导力发展的整体趋势来看，成就者的“实”与重构者的“虚”形成了鲜明的对比。

K 是我遇到的第一个重构者。初次见面时，我觉得他的想法和观点都很特别。看得出来，他是一个很有想法的人，也很喜欢与人分享他的想法。他在表达观点的时候，眼中总是闪耀着光芒。但大多数情况下，他身边的很多人都听不懂他在说什么，因为他的观点太抽象了。“好像他们并不知道我在说什么！”K 有时也会感叹一下。

K 作为一个创业者，经常苦恼于同事们无法理解他提出的发展构想。而他的同事们也苦恼于他的不切实际，有时觉得他讲得太虚，不接地气。

K 说自己是一个悲观者、怀疑论者，总觉得身边的人都是“睡着”的，叫都叫不醒。但 K 对未来充满了想象，他更喜欢以自己的方式生活，并致力于创造自己所期望的环境，而且一旦有了想法就要去尝试。有时这会让人觉得他有些特立独行，同事们也常说他喜欢折腾，不太理解他的做法，所以常常不按他的想法行事，这让他很苦恼：“这些人怎么就理解不了我的想法呢？”

有一回，K 组织了一次公司战略沟通会，希望同事们能理解他对公司未来的一些构想，并就公司的发展与大家达成共识。但开着开着，会议的主题方向很快就变成了一场冲突。在场的人很快就分成了两方，一方是 K，另一方是除他之外的所有人。会场上所有人都在控诉 K 存在沟通问题，战略沟通会也变成了纠正 K

沟通方式的讨伐会。K 解释了一番之后，只能很无奈地听着大家对他的控诉。但 K 丝毫不会因为大家的不理解就放弃自己对未来期望的追求。

对重构者来说，如何不被组织中的其他成员排斥是他们经常面临的问题。因为他们对世界的理解有一定的前瞻性，而大多数人不具备这种前瞻性，所以很多时候他们得不到理解。而他们的独特性会使其显得与组织中的其他人格格不入。他们思维的活跃性也超过一般人，所以组织中其他人常常很难跟上他们的节奏。如果重构者在横向发展上缺乏有效的互动能力，就很可能经常与组织中的其他成员发生冲突。

重构者的意识焦点指向未来，这在实际的管理工作中可能会带来一些负面影响，如对现实的关注和有效干预不足。就像前面提到的 K，他有很多想法，但如何将这些想法转化成期望的结果，对他来说是一个考验。我们在实际发展重构者时，会特别关注他们如何将“虚幻”的未来与现实状况结合起来，真正做到虚实结合，并不断地创造新的未来。

重构者对企业的创新和可持续发展影响很大。

当重构者对世界的理解开始从一个个画面的变化变成一个整体的系统时，他们将突破个人对世界本质的理解，看到更大的变化系统，就像当别人还在像盲人摸象一样争论大象的模样时，他们的脑海中已经拼出了一头大象的完整模样。当重构者意识到一头活的大象将度过生、老、病、死的一生，并且在这一生中与周边的环境发生关系、产生互动时，他们就开启了通往转型者的大门。

5. 玩转系统——转型者阶段

转型者的发展阶段如图 15 所示。

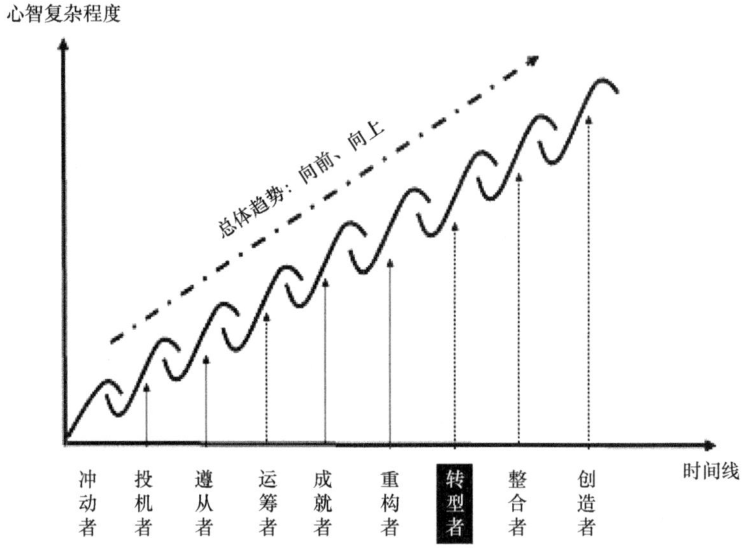

图 15　转型者的发展阶段

人们的一个个新想法或愿景其实都是一个个系统运行过程中所呈现出来的一个个点或面。这些系统在既有的规律之下运行，人们任何时候都只是看到了系统动态变化中的某个瞬间。当重构者意识到这一点，并以立体和动态的视角看待当下的每一刻时，他们就开始向转型者迈进了。

转型者的状态更接近我们通常理解的运筹帷幄状态。他们能根据事物发展的一般规律，站在更高的空间维度和更长远的时间维度看待当下发生的事件。每一个当下在转型者眼里都只是一个变化的瞬间。在他们看来，我们不必为过去发生的事情焦虑，也不必为未来发生事情的担心，因为过去发生的事情已经不可改变，而未来会在系统的发展规律下自然呈现，我们可以通过改变系统运行的要素来影响系统的发展趋势和轨迹。

例如，对于一辆正在高速行驶的汽车，可能路上的一个小石子就会瞬间改变它的行驶轨迹。此外，我们常说的蝴蝶效应也是转型者所关注的，他们总是能看到那只引发剧变的蝴蝶，有时甚至会成为那只蝴蝶。

转型者眼中的世界具有很强的抽象性，他们以变化的、动态的视角看待自己及身边发生的事，同时在事物的变化过程中认识事物。就像戏剧大师大卫·安德森所描述的，在流动中感受世界并影响世界！

在这种抽象和变化的视角中，转型者看到的世界自然不是绝对化的。他们不认为这是一个“好的”或“坏的”世界。在他们看来，这既是一个“好的”世界，又是一个“坏的”世界，甚至是一个“不好不坏”的世界。这个世界是由人们自己定义的，本身不存在绝对的“好”或“坏”，但又包含了“好”和“坏”。转型者是站在一种相对主义的角度来看待当前发生的事情，这种相对性可能是相对的主体（人或具有人格化的团体组织）、相对的因素（时间、空间）、相对的客体（对象）。所以，转型者在发表看法时，可能会说出一堆结论。他们看起来不像运筹者那样结论明确、是非分明。

在转型者眼里，任何事情都不是孤立存在的。任何事情的发生，都和特定的系统变化有关。转型者通过一个瞬间的现象片段去认识和探索现象背后正在变化的系统。

系统与系统之间可能是包含关系。例如，“我”和“我的家庭”就是两个具有包含关系的系统，“我”可以视为一个独立的系统，“我的家庭”也可以视为一个独立的系统，但“我”这个系统被包含在“我的家庭”这个系统中。企业中的各部门与企业之间也存在这样的包含关系。

系统和系统之间也可能是平行关系。例如，每个人都构成了一个独立于他人的系统，但如果两个人在同一个企业内任职，那么这两个独立的系统就被同一个企业系统所包含。

所以，在转型者眼里，这个世界就是不同系统周期性变化的过程。世界上发生的每件事情都是这个变化过程中的某个瞬间，每个瞬间被定格之后，就会形成一帧画面。每帧画面之间都是有关系的，这个关系也会经历孕育、形成、损坏、消失的过程，同时每个系统也会经历这个过程。

对转型者而言，所有的事情都是人生电影或宇宙电影中的一个情节。我们需要理解剧情发展到哪里了，下一步可能向哪个方向发展，以及我们需要做点什么才能让情节向着我们期望的方向发展。

转型者在纵向领导力发展中处于一个相对稳定的阶段，他们身处这个世界之中，有一颗超然于现实的心。这里的“超然于现实”是指他们看问题的时间和空间视角要远远超越当前的现实。

转型者对系统、系统的周期性变化趋势、系统与系统的边界，以及系统变化过程中的不均衡造成的冲突有深刻的理解和认识，所以他们更关注发展的趋势，并对趋势有一定的把握。

面对冲突，投机者试图在冲突中浑水摸鱼，遵从者回避冲突，运筹者试图解决冲突，成就者压制冲突，重构者挑起冲突，转型者利用冲突。转型者把冲突视为系统发展不平衡时，各系统的边界之间发生的一种必然现象。既然是必然现象，就没有必要焦虑、恐慌，只需要思考冲突对系统变化的影响是什么，自己期望系统发生什么变化，以及可以做些什么从而让这些变化发生。

在管理中，冲突以问题的形式出现。问题就是我们期望的理想状态与现实状态之间的差距。问题的大小由差距的大小决定，也由问题对相关系统的影响程度决定。当运筹者通过问题看到冲突并试图解决冲突时，转型者则会进一步看到冲突背后的系统变化，同时了解各系统在周期性变化中处于什么位置。这样，转型者就很容易看到当前的冲突可能的变化方向，或者发现冲突中各系统的运行轨迹。

为了帮助大家更好地理解转型者，下面来看一个案例。

L 是某公司的总经理。他接到了一位下属的辞职信。看着辞职信，L 的心情很复杂。这位下属是他培养了很多年的得力干将，他本来打算再过一年就让这位下属独立负责一个新的业务单元。眼看时机就要成熟了，结果他却等来了一封辞职信。

L 的纵向领导力发展阶段虽然比较高，但碰到这样的事也挺心烦。于是，在与这位下属面谈前，他希望先做一次纵向领导力发展的教练对话。

“你怎么看这件事？”我们的对话从一个提问开始。

L 说：“刚看到辞职信时，我内心还是有些情绪的，我很看重这个人，而且培养了很多年，我想先了解一下他离职的原因再做决定，希望这不是他的一时冲动。”

“还有呢？”我继续问道。

“我得想办法把他留下来！这方面我也得先想想。”L 说。

“透过这件事，从转型者的视角，你都看到了什么？”我又问道。

“呃……转型者，让我想想。这封辞职信只是一个现象，对我而言，它是一个需要解决的问题，我的理想状态是让他留下来，但他现在要离开。从系统发展的角度来看，它反映了这名员工和公司这两个正在发展变化的系统之间存在不平衡之处，当这种不平衡达到一定程度后，这名员工觉得无法继续坚持下去，于是用辞职来断开与公司这个大系统的关系。对，我可以先看看他对自己的纵向领导力发展水平的期望和现状，再看看公司发展的未来和现状，在这两个系统及其变化过程中找到结合点，以达到我希望他留下来的期望。”L 越说越兴奋……

这是个真实的案例，以上只截取了其中一段对话，以帮助大家理解转型者看待问题的方式。

在这里注意不要走入一个误区，即必须发展到转型者阶段才能以转型者的视角看问题或处理问题。我们在实际发展纵向领导力的过程中发现，那些受过专门训练的人也会模仿转型者的认知或心智模式去理解当下发生的事情。但因为他们没有真正发展到转型者阶段，所以这些行为只是偶发性的，而且极易受到环境压力的影响而让自己的认知自动回到自己纵向领导力发展的中心阶段，甚至回退到更低的阶段。

另一个误区是："我想的、做的都和 L 一样啊，是不是说明我就是转型者？"大多数情况下，我们都希望自己的纵向领导力发展阶段更高，所以我们也希望自己能像转型者一样，于是就陷入了一个误区：尽量选择转型者中与自己所思、所想、所行动的相似之处，并据此认为自己已达到转型者阶段，希望得到别人的认同。在实践中，处于遵从者阶段的人特别容易出现这种现象。我常常遇到遵从者阶段的学员向我举例说明自己的行为更符合转型者的特征，所以自己应该处于转型者阶段。

坦率地说，能不能被定义为转型者并不是最重要的，重要的是能不能以转型者的视角看待当前所发生的事情并采取有效的行动。

一个人是否处于转型者阶段不是由这个人自己判断的，也不是其他人可以随便判断的，而需要大量该阶段的心理和行为特征来印证。判断一个人是否发展到了转型者阶段，关键是看当事人是否能像转型者那样真正地感受到系统的周期性变化，并能把握这种变化，同时因势利导，通过一些极其微小的切入点，改变某些系统的发展趋势。

如果把转型者的视角放在一个比武的场景中，可能会是这样：两个武林高手过招，谁也不动，都在等着对方出手，因为对方一出手就会出现动作变化的趋势，从而可以预测其动作未来变化的轨迹。因此谁先出手，就意味着谁先暴露动作变化的轨迹，就露出了破绽，胜负就基本可以确定了。

所以高手都是等着对方先出手，在对方出手后，在其动作变化的轨迹中的某个点采取简单的干预措施，就有可能完全改变对方的动作变化趋势，让对方朝着对自己有利的趋势发展。

因此，对转型者来说，一件好的武器也许没那么重要，重要的是对现场状态变化的敏锐观察和对趋势的预见，以及有效的干预措施，这些因素可能对结果的影响更大。

转型者的视角对企业转型变革很重要。

第6章 如何识别纵向领导力发展地图

第5章描述了纵向领导力发展的5个常见阶段，接下来我们将介绍这些阶段是怎么划分出来的，以及划分的维度是什么，从而帮助大家更好地理解和识别各个阶段，真正看懂纵向领导力发展地图，并运用它去解决现实中的管理问题。

本章的四个小节标题中都有一个“镜”字，这里的“镜”指的是放大镜，而不是平面镜。本章希望通过将空间、时间、权力、反馈这四个决定纵向领导力发展阶段的维度放大，让我们能更清晰地观察纵向领导力发展地图，以及同一维度下不同的纵向领导力发展阶段的特征差异。

很多研究人类发展及纵向领导力发展的学者一直试图找到一些方法和工具，从不同的维度去解释和区分不同的发展阶段，本章采纳《沃伦·巴菲特的领导力转型》中的划分维度来理解并划分纵向领导力发展的不同阶段。

在空间、时间、权力、反馈这四个维度中，前两个维度与视角相关，是关于我们如何看待周边的环境的，是从时间维度的前后和从空间位置的变化来看的，这是“知”的层面；后两个维度更多地是从“行”的角度来看待我们与周边环境互动的过程及结果，为自我发展的调整提供条件，这是“行”的层面。

综合起来就是，从时间、空间的不同角度看待当前的环境和发生的事情，从权力影响和反馈的不同角度与周边的环境互动，以验证自己的认知是否与实践一致，从而不断调整自己，以提高自己与环境互动的有效性。

不同发展阶段的“知”和“行”是不同的，所以，我们需要发展更高阶段的“知”，发展更加灵活的“行”。

为了帮助大家理解和运用这些维度来识别各个阶段的特征，接下来的论述更偏向于便于理解和应用的表述，避免使用过多的专业术语。

此外，纵向领导力各阶段的划分维度不一定只有这四个，可能还有很多，但这四个维度更具实用性。

下面将逐一介绍这四个维度。

1. 空间之镜

空间之镜的重点在于理解那些处于不同的纵向领导力发展阶段的人在看待当下问题时所处的空间位置，即便同一件事，不同位置的人看到的可能完全不同。因此，更加全面、系统地看待一件事，对做好这件事至关重要。

我们常说的“全局观”指的就是空间视角。处于不同的纵向领导力发展阶段的人看待同一问题时所站的空间位置是完全不同的。所以我们通过空间之镜可以了解自己及身边的人处理问题时所处的空间位置，这更有利于我们理解彼此所看到的问题的不同角度，从而在解决问题时更容易达成共识。

每个人、每件事，都处在特定的时空。划分空间也有不同的维度，从广义来说，时间也包含在空间范围内，如我们常说的四维空间就包括时间。在这里，我们主要探讨狭义的空间，即三维立体空间。在纵向领导力的发展中，我们需要从发展空间的视角来看待和处理我们所处的位置。

从空间的不同视角看同一件事，可能得到完全不同的结果。例如，6 和 9 这两个数字，你看到的是 6，但你对面的那个人可能看到的是 9。在这种情况下，争论这数字到底是 6 还是 9 是没有意义的。

还有一个我们常见的成语：盲人摸象。不同的盲人摸到大象的不同部位，得到的结论完全不同。即便不是盲人，站在不同的位置所看到的大象和对大象的理解也是完全不同的。例如，站在大象背上向前看和向后看，或者站在大象腹部旁边看到的大象和对大象的理解都是完全不同的。

我们在看待某个问题时，首先要看自己站在什么角度。在管理中，领导者与一般员工所处的位置不同，对同一件事的看法是完全不同的。同样是领导者，在纵向领导力发展的不同阶段，站的位置不同，对同一事件的结论也是完全不同的。这种不同首先来自认知的空间位置不同。

处于纵向领导力发展初级阶段（冲动者或投机者阶段）的人，更容易从第一人称“我”的视角来看待这个世界，更喜欢用“我”这个词来描述对事件的理解，如“我认为……”“我觉得……”“在我看来……”思考也是一种“我”向思考，如处于纵向领导力发展初级阶段的投机者会优先从“我”的角度来考虑问题。

我们在管理中常常会提醒下属从对方的角度考虑问题，但最后发现这种提醒并没有什么用。为什么会这样呢？因为当一个人的认知阶段比较初级时，他是无法从对方的角度考虑问题的，而且对于所发生的事，其第一反应还是“我”看到了什么、“我”认为是什么样的。

当一个人的纵向领导力发展到遵从者阶段时，开始出现“我们”意识。这里的“我们”其实包含了第二人称“你”，即“我”和“你”构成了“我们”。处于这个阶段的人开始从“我”的视角走出来，思考和认知的维度会比单纯的“我”更宽一些，开始关注比“我”的范围更大的“我们”。所以遵从者会特别关注“我们”发生了什么，“我们”应该怎样、“我们”应该怎么办。在管理中，我们常常会看到这个阶段的人更喜欢看别人做什么，自己就跟着做什么。大家都遵守规则，所以我也要遵守规则；大家下班都一起吃饭，那我宁可不吃自己带的饭也要和大家一起，只有这样，“我们”才是在一起的。从众效应最容易在这个阶段发生。

当纵向领导力阶段继续发展时，开始出现第三人称“他”“她”“它”（以下为方便讲述，统一使用“他”）。当一个人发展到运筹者阶段时，开始意识到除了“我”“你”，还有知识、概念、方法、工具这些有第三人称指向的要素。而且通过这些东西的加持，会让“我”更加与众不同，所以运筹者会加速获取知识、工具、经验、方法和技能这些横向的东西。在实践中，我们会看到这个阶段的人非常爱学习，他们如饥似渴地吸收知识，努力让自己懂得比别人多，比别人更专业。

当纵向领导力发展到成就者阶段时，第三人称“他”开始有了明确的指向，即目标和结果。成就者的注意力已经从了解事物的本质转移到自己要实现的目标和结果上。成就者不再满足于知道“这是什么”，而是更期望知道如何使用、会产生什么结果。所以在实践中，我们看到成就者非常容易聚焦，因为他们始终将注意力放在目标和结果这个“他”上。在成就者眼中，“我”“你”都可以为了实现这个“他”而牺牲，所以有时成就者看起来不近人情，因为他们的眼睛始终盯着目标和结果。

纵向领导力发展到成就者阶段的人，不需要别人向他们反复声明目标是什么、结果是什么，他们自己会主动澄清。所以成就者的目标意识和结果导向非常强，他们会本能地围绕目标展开行动。在管理实践中，我们看到有些人的目标意识很强，而有些人不管怎么培训都不会关注目标，因为他们的认知还没有发展到成就者阶段，心中还没有目标这个“他”的概念和意识。所以说，从纵向领导力发展的角度看，目标意识不是培训出来的，而是发展出来的。

纵向领导力发展到重构者阶段的人在看待这个世界时，其空间维度开始出现位于"我""你""他"之上的"它"，即扩展的第三人称视角。这个概念说起来有些抽象。我们可以用一张图来表示，如图 16 所示。在图中，"我"是一个点，"你"是一个点，二者连起来就是一条线，再加一个"他"连起来就是一个面。如果再加一个不在同一面的扩展的第三人称"它"，就形成了一个立体的图形。

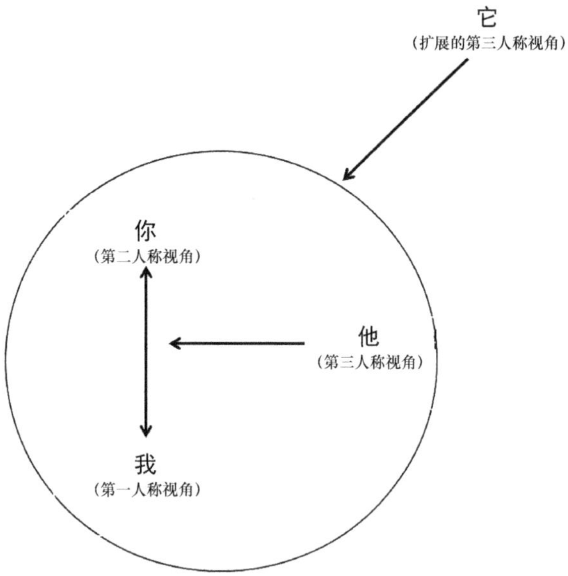

图 16　扩展的第三人称"它"的视角

我们也可以把这个扩展的第三人称理解为会议室里的摄像头。会议室里如果有很多人在开会，就会有"我""你""他"，还有一个扩展的第三人称"它"——摄像头。所以从空间维度来看，重构者看问题的视角更加宽广。重构者会跳出事件本身来看事件，这比身陷其中的第一人称"我"、第二人称"你"和第三人称"他"看得更加全面。所以，与重构者在一起时，我们会感觉他们更有全局观，看问题更加全面，而且常常能看到我们看不到的一面。

纵向领导力发展到转型者阶段的人是从第四人称的角度看待问题的。

转型者把任何一个由"你""我""他"和扩展的"它"组成的系统视为一个

立体的系统整体。他们眼中的世界是由一个个系统构成的。前面提到，这些系统可能是并列关系，如两家不同的公司；也可能是包含关系，如 A 公司是一个系统，A 公司的人力资源部就是一个子系统，而人力资源部的某个员工是一个更小的子系统。系统可大可小，大到国家、地球，小到人类的消化系统。转型者看到的就是由一个又一个系统构成的一个立体的世界。以摄像头为例，就像把摄像头从会议室里拉到了半空，这时将看到更多的系统，视野范围也会更大。

从空间维度来看，纵向领导力发展阶段越高的人看到的世界越全面、宏大。一颗小石头对一只蚂蚁来说可能就是一座大山，不可逾越。而对一只飞翔在空中的鸟来说，这颗石头就是一粒尘埃，要想绕过这粒尘埃，有太多的选择了。

我们常说某人格局高，单从空间维度来看，他们能从更高、更宽、更系统、更全面的角度看待这个世界和当下所面临的事件，所以他们才能从容不迫，方法众多。

这看起来似乎很简单——以后我们做事只要像转型者一样站在半空中看问题就可以了！但实际并没那么容易，因为每个人都可以迅速地影响和改变各种系统，并直接加速环境的变化。我们面临的实际情况是，在看待当下发生的事情时，我们的视角会不自觉地回到与自己的发展阶段相适应的位置，而不完全是站在我们希望拥有的那个视角。这就是“知道”和“做到”之间的差距。我们从“知道”到“做到”还缺一个纵向发展，如果不能真正发展到转型者阶段，就无法真正做到站在半空从容地审视这个世界。在实践中，我们遇到的情况常常是：说起来都懂，做的时候就不会了，并本能地从自己当前发展阶段的视角看问题。

前面讲了很多理论性的内容，为了帮助大家更好地理解，接下来将举例说明纵向领导力发展阶段不同的人对同一件事在空间维度展现出来的不同之处。

某公司的总经理 M 这两天很烦心，因为他手里有个项目没办法按时完成，甲方那边一直在催，他自己也急得像热锅里的蚂蚁。他花了半小时向我吐槽这个项目有多难，团队有多不给力，时间有多紧，客户有多不好相处……在这个过程中，我一直默默地看着他，他看我不说话，没好气地说：“你倒是说句话啊，我现在怎么办？”

俗话说：“当局者迷，旁观者清！”当我们遇到问题时，会产生心理压力，这种压力会让我们回退到较低的纵向领导力发展阶段，从而产生迷失，陷入问题之中。与回退动作相伴的就是行动僵化，从而使我们很难展示出纵向领导力发展的更高阶段的特征，所以有时我们会“聪明人干傻事”。从纵向认知的空间视角来看，当我们回退到更初级的阶段时，对应的看问题的视角就会缩回第一人称“我”，变得很狭窄。

如果是 M 的朋友，看到 M 这样，一定会好声安慰他，或者看能帮上什么忙，又或者以自己的经验帮助他分析一下当前的情况，看看有什么合适的解决方案。至于能不能找到合适的解决方案，就要看运气了。朋友对 M 最大的帮助可能是让他倾诉一下，从而极大地缓解情绪上的压力。但实际上 M 希望我们能给出明确的解决方案，能帮助他解决问题，而我们给出的大多数方案都会被他否决，因为我们不是他，根本无法真正理解他的处境，这主要是因为信息不对称。只要他还沉浸在回退后的纵向领导力发展阶段，他就会使用回退后的纵向领导力发展阶段的视角来看待我们所提供的信息。所以除了碰运气，很多时候我们很难真正帮到他。

那么从纵向领导力发展的空间维度来看，如何帮助 M 解决这个问题呢？

首先，我们需要理解 M 站在什么空间视角看他当下所面临的问题。从 M 的表述中，我们很容易判断出他是从第一人称“我”的视角来看周围所发生的一切的。他看到的是滚滚而来的压力和不利的因素，这让他处于一种被动的状态。我们需要理解他所处的这种状态，否则所有的意见和反馈对他来说都是不理解他，是“站着说话不腰疼”。

其次，我们带着 M 从第二人称“你”的角度来看这件事，即走出“我”的视角。M 认为现在是没办法了，那别人怎么看呢？就像我们安慰人时会说：“别伤心了，再想想办法，一般碰到这种情况，我们会……”这时候问题就解决了吗？没这么快，但至少能让 M 从“我”的视角走出来，听一听那些可能行得通的办法。只要走出了“我”的视角，就意味着在纵向领导力发展中迈出了变化的第一步。接下来需要将 M 往更高阶段引领。

接着我们和 M 一起从纵向领导力发展的空间维度的第三人称“他”的视角看当下的问题，分析这件事本身的前因后果、问题所在，分析做好这个项目的问题核心。通过这种方式把 M 从“我”带到“他”的空间视角来分析当下的情况，寻找可以利用的资源，找到解决问题的方法和关键。到这里，似乎 M 愿意静下心来探讨解决方案了，这样就足够了吗？

不！

在第三人称视角的运筹者阶段，虽然愿意分析和解决问题，但很快就会碰到无解之处。例如，要加速推动项目需要增加投入，而现在没有预算。所以，我们需要把 M 带到更大的空间视角去看当下面临的问题。

只有当 M 把视角放在第三人称“他”并开始指向这件事的目标和结果，而不是扑面而来的限制性条件时，他才会为了目标和结果去寻找可能性。注意，这里的目标和结果并不一定与最初设定的目标和结果相同。有可能最初的目标和结果确实完成不了，但可以设定新的目标和结果，如将损失降到最低等，后续的行动将围绕新的目标和结果展开。只有从成就者的第三视角看问题，这种成就者的念头和信心才会在 M 心中萌发。大多数情况下，如果只是为了解决一般性管理问题，纵向领导力发展到这个阶段就足够了。

到了重构者阶段的扩展的第三人称视角时，M 就能跳出问题本身，从一个摄像头的视角来反观自己当前的状态、当前的行为及与周边的互动。在实践中，很多人都跳不出自己的认知习惯，并且在面临很困难的事情时很容易产生回退行为，这时教练的支持和鼓励就显得特别重要，多点鼓励，多点尝试，当 M 能跳出问题本身，用扩展的第三人称视角看问题的时候，可能对问题看得更加全面，心中那份焦虑也会慢慢放下，新的解决方案也将慢慢浮现。

使用重构者阶段的扩展的第三视角看问题时，M 会积极寻找解决问题、达成目标的可能性，当初的那份焦虑，基本上也消失得差不多了。

转型者的第四视角是比重构者更高的视角，看到的东西也更加全面和系统。在转型者眼中，M 是一个系统，M 与事件和相关人物形成了第二个系统，M 的公司是第三个系统，在这三个基本系统之上再看与这件事和 M 相关的系统有哪些，这些系统当前的发展状态如何，这些系统是如何组合在一起的，以及它们之间是如何产生关联和互动的。然后看 M 在这里面可以做些什么去影响各个系统的变化。

转型者在影响他人的过程中不断地调整和变化，不断地寻找、调整结果和目标之间的平衡，这个调整的过程是转型者发挥权力影响和对待反馈的过程。

能用好第四视角的人，在管理中绝对是“大神级”的存在。

所以，当我们想更清晰地看到一件事的全貌时，我们可以运用空间之镜，站在纵向领导力发展的更高阶段去观察当前发生的事情。

2. 时间之镜

时间之镜的重点在于如何识别不同的纵向领导力发展阶段的人看待当前事件的时间维度特征，以及他们如何从纵向领导力发展的初级阶段认识时间的“点”“线”，发展到高级阶段的“面”“体”。

同时，通过时间之镜，我们可以更清晰地认识自己和身边的人在时间这一维度上的倾向性特征，为接下来的有效行动打下良好的基础。

在物理学中，时间也被视为一个空间维度，三维空间加上时间维度就变成了四维空间，在转型者看来，所有的事情都存在于四维空间。

为了便于大家理解，让我们先放下四维空间，把时间单独作为一个维度来看。

时间有三个特性：单向不可逆；无弹性，不可替代；速度恒定，不可停止。所以我们在纵向领导力发展中把时间视为一条线，从遥远的过去，经过现在，通向不可知的未来。我们每个人都在这条线上。从发展的角度来看，时间是一个可以计量的过程，它包含过去、现在、未来。

每个人、每件事，都处在特定的时空之中，就像我们用经度和纬度定位自己的位置，才知道发展的方向，在发展过程中遇到问题时才知道该如何灵活地处理，而不至于迷失自己。

我们无法控制时间，但我们可以控制自己对时间的看法，并在尊重时间特性的基础上主动调整我们对时间的看法。

当我们有不同的看法和视角时，每个人的判断和做法就会不同。总在回忆美好的儿童时代的人与不断憧憬未来理想生活的人，对当下发生的事情的看法是完全不同的。如果当前经历的是一件不愉快的事，前者会觉得还是童年好，现在这个世界越来越不美好了；而后者可能认为当前的不愉快只是走向未来必须经历的一个过程，总得做些什么去改变当前的这种不愉快，从而尽快走向理想的未来。

处于纵向领导力发展初级阶段的人在时间维度更多地关注当下，自己也沉浸在时间之中，这样就很难感受到时间本身。例如，冲动者和投机者都关注当下，他们追求即时的满足，而不会把认知拉到一个较长的时间段，如果你向他们讲要有远见、需要做长期打算、应该树立远大的目标等，基本上就是对牛弹琴。

遵从者阶段的时间视角也是当下的、即时的，甚至带有“过去”的意味。直到运筹者阶段，时间的视角才开始延伸。运筹者在认识客观世界的过程中，看到事物发展是需要经历一个过程的，如小鸡长大、植物生长这些客观现象。这让运筹者开始意识到时间是一个过程，但其对过程的理解还停留在一件事情、一个问题上。不过，与那些处于更初级的纵向领导力发展阶段的人相比，运筹者已经有了时间段的意识。

需要注意的是，在运筹者的意识里，时间是带有“过去性”的。例如，当他发现问题时，他的第一反应是从过去的经验或学习的知识中搜寻解决的办法，当没有先例时，对其而言，这就是一个不可解决的问题。

在管理中，我们常常听到员工说“这个不行！”“要做这个项目得再加人！”“又想马儿不吃草，还要马儿跑得快！”其实细细品味一下他们说的这些话，我们就能听出它们还有一层隐含的意思：“以我的经验来看，这个不行！”“以我过去的经验来看，要做这个项目，得再加人！”“过去没听说过不给马儿吃草，它还能跑得快的！”

处于纵向领导力发展初级阶段的人，其认知在时间维度上更多的是面向过去、背对未来，看到的东西大多具有局限性，而无法看到未来更多的可能性。大家可以想想，在管理中我们对着一群面向过去、背对未来的人讲未来的目标和发展，会是什么样的状况。

当一个人的纵向领导力发展到成就者阶段，其时间维度视角开始转向未来的目标，开始有了相对长远的规划，如未来 3～5 年，这基本上是企业中一个产品的生命周期。所以，成就者本着实现目标的长期视角，可以接受当下的艰难困苦，并保持适度的灵活性。如果说处于成就者之前阶段的人把时间和具体的事件视为一个个点的话，那么，成就者则是把时间视为一条通向未来的线。但对成就者而言，其本身还在这条线上，只是视角比一个点要扩展得更长一些。

纵向领导力发展到重构者阶段的人，在认知时间时，完全是站在未来的视角。这时，他们不会特别关注过去发生的事。过去已经过去，应该更多地思考未来如何，这里包含了未来的目标，但更重要的是未来的愿景。

重构者眼中总能看到未来的画面，甚至是 8～12 年后的画面，在他们的心目中，这就是未来，一个实实在在的未来，这个未来经过努力是可以达到的。从现在到未来只是一个过程，一个实现愿景的过程。所以重构者在面对某件事时，更容易与相关人员坐下来，一起展望未来的愿景，当愿景画面真实而可见时，再探讨阶段性目标和实现路径。

在重构者眼里，某个特定事件，不只是一个点，也不只是一条线，而是一个由点、线、未来的愿景画面构成的一个整体。

例如，在管理中常见的实现销售业绩，成就者看到的是目标和结果，为此而调动和整合各种资源去实现；重构者在此基础上会加入实现目标的意义和价值，还有实现目标后的场景画面，并由此预演和倒推到当前，之后再审视实现目标的过程，并预见可能出现的问题和需要提前准备的资源。

所以，纵向领导力发展阶段越高的人，其心智复杂程度越高，看问题越长远、全面，有效性也越高。

纵向领导力发展到转型者阶段的人，看到的时间是流动而立体的，身边的事情在时间的流动中不断变化、发展。转型者运用时间视角看待当下的问题时，是站在时间线之外，同时看到过去、现在、未来。他们在看待一件事时，不会孤立地看当下发生了什么，而是把时间倒回去看这件事的起因，以及经历了什么样的变化才达到了当前的状态，从而更好地理解当下。同时，他们会把事情继续延伸到未来，并根据系统的周期性变化（生、老、病、死；出现、形成、变化、消失）来推断事情在未来一定时间段内的变化趋势。

所以，转型者能够跳出时间线，围绕当下发生的事情，同时看到时间线的过去、现在、未来，从而对事情在过去、现在、未来的发展有一个整体认识。转型者看到的都是 20～30 年以后可能发生的趋势，这刚好是一个行业发展的变化周期，所以转型者对一个行业的变迁理解得更深刻，对行业发展的趋势理解得也更透彻。

例如，在职业发展中，单纯地看一个人当下应该如何发展是没有意义的，因为随着时间的变化，各种要素都会变。我们需要从一个人过去的成长经历中理解是什么塑造了当前这个人，还要看当前展现在我们面前的是一个什么样的人，同时也要看他当前在职业发展周期中到了哪个阶段，下一步将走向什么阶段。呈现在我们面前的这个人应该是一个随着时间的流逝而不断变化的系统，这个系统从当前到未来这段时间会有很多可能的发展趋势，而转型者能看到这些趋势。这种感觉就像观看一部别人的人生纪录片，只不过后面的剧情发展有很多的可能性，这给我们留下了充分的想象空间和更多的可能性。

对整合者而言，他们看到的都是 50 年以后、更长远的事了，当前发展的事只是时间长廊中的一个瞬间。时间会改变一切，在时间长廊中，有些可能是永恒的，如爱、善良、美、痛苦、悲伤。当这些永恒的东西与当下的环境因素结合，就形成了一个又一个故事，这些故事揭示了人类社会发展的一般性规律。为了人类的百年福祉，当下我们需要顺势而为，提炼出人类身上共通的内容，并呈现给世人，去引导世人在短暂的一生中创造出影响人类发展的贡献。

所以，整合者是站在更高的空间维度、更长远的时间维度来看待时间、当下发生的事情及这件事情的变化过程。这个阶段更接近“圣人”的视角，一般我们也很难接触到，所以这里就不再赘述了。

环境是不断变化的，给这种变化加上时间的视角，会让我们看到万事万物都处于继承过去、展现当下、奔向未来的趋势之中，就像江河之水，带着上游的泥沙，朝着大海滚滚奔流。

处于纵向领导力发展更高阶段的人能够从过去、现在、未来中跳出来，站在更高的空间位置去看过去、现在、未来，从而看到当下的事物在不同的时间节点展现出来的不同的面。

同时，处于纵向领导力发展初级阶段的人更容易沉浸在时间线中，而处于高阶段的人能跳出时间线来完整地看待时间及当下发生的事情。在现实中，当我们面对环境的压力时，认知常常会回退，所以只能看到从上游奔流而下的泥水，而看不到未来波澜壮阔的大海。

接下来让我们通过一个案例来了解处于不同的纵向领导力发展阶段的人对同一件事在时间维度上展现出来的不同之处。

某公司总经理 N 最近遇到一件事。年中考评后，N 给手下的一名经理晋了级（职位没变，收入和福利有所提升），这本来是件好事。但消息刚宣布没多久，这名经理找到 N，提出晋级幅度低了，希望能获得更高的晋级幅度或升职。N 很郁闷：“能给出这个晋级名额已经很不容易了，现在他还提出更高的要求，真是人心不足蛇吞象啊！”一说起这事，N 就觉得很郁闷。

正常情况下，当我们面临一件事时，都会与过去的经验做对比。就说 N 这次遇到的事吧，一般来说，给下属晋级，下属应该感激不尽才对，而现在这名经理却提出了更高的要求。这种现象如果发生在新生代员工身上，还不算奇怪，但对“70 后”的 N 来说，这种事并不常见。

如果你是 N，遇到这种情况时你会怎么办？你会如何与这名经理交谈？从什么角度谈？

我们通常都会与这名经理进行一次交流，了解他提出增加晋级幅度的理由，并安慰他接受结果。一般这种结果是很难马上就更改的，否则就会形成示范效应，由个案变成群体性要求。有经验的管理者还会借此对下属提出更高的要求并给予一定的承诺。但不管怎么说，这名经理都可能因为需求没有被即时满足而产生一定的不满，从而影响其接下来的表现。

那从纵向领导力发展的时间视角，站在 N 的位置，我们如何看待这件事呢？

对投机者和遵从者来说，他们希望立刻解决这个问题，安抚这名经理。所以这两个阶段的人都会运用一些短期行为来了结此事，如使用权力将事情压下去。这么做的结果可能是当下这名经理忍了，嘴上不说，但事情并没有从根本上得到解决，可能在以后的某个时间点会以其他形式再次爆发。

对运筹者来说，他们可能会用过去学过的管理知识、工具、经验、方法和技能，试图与这名经理沟通，一种方法不行就换一种，直到这名经理表示接受结果。可能的结果是，这名经理虽然接受了解决方案，但心里还是不爽，口服心不服。

对成就者来说，这件事已经发生了，关键是从未来的视角看这件事的目标和结果是什么。例如，可能需要把这件事压下去，以免影响团队中其他人的积极性；也有可能以这名经理的要求为契机，提出更高的标准和要求。对 N 来说，应始终围绕自己最终期望的结果来进行对话。至于达成目标的手段，在成就者看来都不重要，只要这件事朝着自己期望的结果发展就好。

对重构者来说，他们可能会与这名经理一起面对未来，一起探讨他的个人发展，以及这件事可能带来的一些场景。再用一个个画面来演绎未来的可能性，从未来的画面中找到两个人期望的交集。再从这个交集展开对话，求同存异。这时，无论是升职还是更大幅度的晋级，都只是过去的结果，它们已经发生，无法改变，更重要的是展望未来，从未来的角度看对彼此而言什么是重要的。

对转型者来说，他们会站在这件事发生的时间线之外，看到这件事发生的更前置的原因，去理解这名经理为何会产生这样的需求。再看这件事当前的发展阶段。最后看这件事未来发展的几种可能性，以及这几种可能性给团队、组织带来的影响。

除此以外，转型者会在这条时间线之外，把这名经理视为一个不断变化、发展的系统，当前发生的事情只是一系列变化中呈现出来的一个状态，团队、组织也是一个个系统。当然，N 自己也是一个系统，也有自己的变化轨迹。这件事在转型者眼里是上述几个系统在变化、发展过程中的一个交集。至于如何处理这件事，要看 N 希望这几个系统朝着什么方向发展，以及如何利用这件事来改变哪个系统的哪些方面。

对整合者来说，这件事在 50 年以后应该都不是事了。N 可以直接与这名经理谈论未来更长时间内组织的发展状况及可能性，或者谈谈他当前的这些行为对更长远的未来是如何产生影响的。当下发生的任何一件事，放在历史的长河中看，可能都不算事了。

上面讲的 N 这件事，是关于如何从纵向领导力发展的时间维度看待问题，可能大家会更关心如何解决问题。

关于如何解决，不同纵向领导力发展阶段的人会采用不同的方法。但不论用哪种方法，要想在管理中发挥领导力，必须先看明白当前发生了什么。

时间是看待问题的一个重要视角，不同纵向领导力发展阶段的人会站在不同的时间位置看待当下发生的事，怎么看决定了接下来会怎么做。例如，关注当下的投机者肯定无法像重构者那样看待未来，自然也不会从更长远的未来看如何解决当下发生的事。

所以，当我们想更清晰地看到一件事的发展变化时，可以运用时间之镜，站在纵向领导力发展的更高阶段去观察当下发生的事。

要想做好一件事，首先要能看明白这件事。要想看明白一件事，我们不仅要站在空间的不同位置来审视，还需要从不同的时间角度来审视。我们需要站在更高的纵向领导力发展阶段，从更宏大的空间视角和更长远的时间视角看到事情的状态，从而使解决这件事所采取的方式、方法产生更加深远的影响，同时有效性也更强。

只有站在更高的纵向领导力发展阶段看明白当下发生的事，才能在处理这件事的时候更加灵活并找到更多的可能性。

3. 权力之镜

纵向领导力发展的重点有两个：一是视角的层级性，即用更高阶段的视角认知当下；二是行为的流动性，即用与当下阶段最匹配的模式采取行动。

为了让我们清晰地了解处于不同纵向领导力发展阶段的人与他人互动时的行动模式，下面重点论述行动。通过对行动模式的区别，帮助我们更加清晰地判断当下自己或他人在特定事件上的纵向领导力发展阶段，从而调整自己的纵向领导力发展阶段和行为模式，最终有效地影响事件朝着我们所期望的方向发展。

权力之镜的重点在于如何从运用权力的不同模式中看到纵向领导力发展的阶段差异。与此同时，需要理解纵向领导力发展到不同阶段时权力运用的倾向性特点，以便我们在实际管理场景中，根据需要自由地展示出不同阶段的权力运用特征，从而增强管理的有效性。

需要说明的是，这里所说的权力更接近影响力的意思，纵向领导力发展阶段不同的人对待权力的态度是完全不同的。

投机者强调的是强制性权力，更加信奉“枪杆子里出政权”。他们信奉的是强权即真理。投机者喜欢用交易或强力迫使对方就范。

遵从者更喜欢运用外交斡旋的方式展示个人魅力，从而影响他人。在日常生活中，我们常常可以看到一些人，他们对别人非常好，举手投足之间都充满了魅力，人们非常愿意接近这些人，在一些涉及利益不大的事情上，也愿意听从他们的建议。他们会让人们有一种“我们在一起”的感觉，这会激发人们的归属感。遵从者正是从这个角度去发挥自己的影响力，从而熟练地运用魅力型权力影响并操纵着周边的人。同时，他们还善于运用约定成俗或既定的规则和道德准则发挥自己的影响力。

运筹者更相信专业权威，信奉“逻辑正确即正义”。他们用不容置疑的专业态度影响着身边的人。在我们身边最常见的运筹者是医生、律师。他们有一套自成体系的语言系统，只信奉自己专业领域的权威。同时，他们也通过专业的语言强化自己的权威性。所以有句话说“不是专家不讲人话，只是专家讲了人话就不是专家了”。运筹者通过自己对专业学科超越常人的理解而形成专业权威，再通过这种专业权威影响身边的人。

成就者更强调实用性权力，他们通过提供有实际价值的结果而形成影响力。成就者“言必行、行必果”的个人声誉也形成了巨大的影响力。例如，我们之所以愿意追随某位领导者，那是因为跟着他能夺取一个又一个胜利，虽然过程辛苦，但看得到结果。虽然成就者有时不近人情，为了达成目标甚至会不择手段，但他能带来实实在在的成功，所以大家愿意追随他。这种情况在军队里尤其常见，每位战士都希望追随一位战功赫赫的将领，因为他的战功就是他作为成就者的权力的重要来源。在企业中，人们都希望追随一位能出业绩的领导者。

重构者更强调愿景型权力，即通过对话共同构建对彼此有意义的未来，让人们产生憧憬和希望。重构者是能够让人们真正产生“我们在一起”这种感受的人，他们发自内心地尊重对方的想法，并愿意倾听彼此的声音。而遵从者更多地追求形式上的“在一起”，表现为愿意倾听对方。重构者是内在的、实质性地“在一起”。所以与重构者在一起时，人们会有一种紧密的连接感，彼此的内心走得更近，并一起展望和探索对彼此有意义的未来。在对话时，人们感觉双方是真诚的、安全的、相互尊重的。重构者能营造这样的对话空间和氛围，所以，人们愿意与重构者在一起。重构者也通过样的方式发挥自己独特的影响力。

转型者更多地运用权力和影响力进行协作式探询，即通过对话的方式，与他人共同发现和探索愿景、战略、执行与结果之间的关系，并在此基础上建立对愿景和结果的一致性认识，同时在这个过程中相互依存，形成一种相互依靠、相互成就的状态。当与转型者在一起时，人们感受到的是相互成就。转型者具备运用协作式探询成就彼此的能力，也正是这种能力让他们深深吸引并影响着身边的人。没有人不喜欢与能成就自己的人在一起！

整合者是以人类的普适性价值观为指引，正视每个人的脆弱性和阴暗面，通过相互支持和共同努力，让彼此甚至更大的社会群体向着积极、正向的方向发展，同时与人类文明、进步的螺旋式上升发展趋势保持一致性。整合者所呈现出来的权力影响特征为膜拜信仰、净化内心、影响人类发展。

有意思的是，实践中很多处于遵从者阶段的人认为自己展现权力影响的方式处于重构者及以上阶段。

为什么呢？

可能是因为重构者以上阶段的人发挥权力影响的是群体，在形式上与遵从者比较相似，所以遵从者在自我评估时，一般会高估自己的发展阶段，从而出现这种误判。

为帮助大家更好地运用权力之镜，有效识别自己和他人当下的行为在纵向领导力发展中的阶段性特征，让我们一起来看一个例子。

O 年纪轻轻就担任某地产公司项目总经理。大家都觉得他脾气暴躁，尤其是项目进展不顺利时，他的脾气更大。最近的项目工期可能又要延误了。整个楼层都可以听到 O 在办公室里咆哮的声音。

如果你是 O，面对项目工期延误，你会怎么办？

当我们面对这样的压力时，可以像冲动者那样放任自己的情绪，但这种放任只会产生更大的压力，让下属变得谨小慎微，而不能有效解决问题。投机者可能会威逼利诱，如用威逼的方式恐吓下属，让下属因为害怕而努力。有些投机者可能会用“重赏之下必有勇夫”的方式利诱他人。这种方式可能对同是投机者的下属比较有效，而对那些发展到运筹者及以上阶段的人来说，这只是一种小伎俩，所以投机者的强制性权力遇到理性思考时就变得乏力。

如果 O 是从工程师的职位一步步升迁上来的，他可能会像运筹者那样，出了问题马上找原因，想办法解决问题。他可能会召集相关人员马上开会，从管理和技术的角度找到延期的原因，并寻找顺利完工的可能性。他也可能会找到能解决延期问题的专家，由他们制定方案，所有人迅速执行。

若从成就者角度来看，O 年纪轻轻就晋升到这样一个重要的位置，肯定是因为他足够优秀。O 可能会迅速确定目标，如最好的目标是完工，其次是没完工，但可以交付主体，不耽误交房，后面再整改；最次是尽可能减少延期时间。大多数情况下，成就者会不惜一切代价确保追回工期，正常完工。他们可能会采用开动员会的方式，倡导大家一定按期完工。注意，发展到更高阶段的人在运用权力影响他人时，会根据当下的场景选择自己当前所处发展阶段及以下阶段的方式。所以，纵向领导力的展示不是一个阶段就对应用使用该阶段的权力这种模式，而是根据当下的环境灵活采用多个阶段的方式以增强有效性。更高阶段可以向初级阶段流动，但初级阶段很难运用更高阶段的方式。这主要是因为初级阶段很难识别和理解更高阶段的视角，更别说运用更高阶段的方法了。

若从重构者的角度来处理这件事，O 可能会召集相关人员开会，将面临的现状呈现给大家，同时与大家探讨如期完工对大家意味着什么，以及如期完工之后的场景。重构者通过展望未来的方式，与大家一起描绘成功的愿景画面来激发大家共同完成目标的愿望。在此基础之上，再讨论如何如期完工。重构者的思路是，先激发动力，再谈目标和方案。这时候大家更愿意贡献自己的才智和力量，共同努力使项目顺利完工。

若从转型者的角度来处理这件事，O 可能会考虑与完工相关的各个系统的状态，如重要的利益相关方（自己、员工、公司、客户），以及不同的系统对顺利完工的期待和要求，并在这里面找到共识。之后再看顺利完工的关键点，那个能改变大家对延误工期这件事看法的关键点。这时候的 O 可能会努力建立与员工共同完成这件事的强有力的联盟关系，探询做成这件事对彼此的意义，并做出自己的投入承诺，与员工们一起，让这件事的发展趋势发生变化。

坦率地说，整合者的职位一般会比项目总经理高得多，所以此处不再论述。

以上我们以项目延期为例，让大家理解了不同纵向领导力发展阶段的人对同一件事可能采取的不同影响方式。在这里还是要强调，纵向领导力的展示是建立在更高阶段的视角之上的，再看具体面对的环境事件，然后采取更加灵活有效的方式。如果没有更高阶段的纵向领导力，就会缺乏更加多样化的灵活行动，最后对事件影响的有效性就比较有限。

从时间和空间两个维度来看，要在工作中发挥领导力，纵向领导力发展的阶段越高越好，视角越宽广越好，这时看到的事情本身及其发展趋势会更加全面而长远。

但是，在实际运用权力影响事情的相关因素时，应使用与具体情境相匹配的阶段的行为。所以，有时处于初级阶段的冲动者的表现可能是非常有效的。但更高阶段的人运用冲动者阶段的方式会更加灵活，随时可以调整和变化，当他们发现运用冲动者阶段的方式效力不够时，可能会调整到其他阶段的方式来影响他人。

从纵向领导力发展的角度来看，权力是一种由内而外的影响力。在纵向领导力发展的不同阶段，有对应的主体权力方式。当发展到更高阶段时，在展示权力时就能向更低阶段覆盖，即为了追求领导力行为的有效性，人们会主动选择较低阶段的权力方式。而纵向领导力发展阶段较低的人很难理解和运用更高阶段的权力方式去影响他人。

4. 反馈之镜

在纵向领导力的行动层面，除了权力的运用，还包含对待反馈的态度和做法。处于不同的纵向领导发展阶段的人因其对待反馈的态度和做法不同而呈现出差异性，这种差异性将帮助我们更好地识别不同行为所反映的阶段性。

反馈之镜的重点在于如何从对待反馈的不同模式中看到纵向领导力发展的阶段性差异，同时理解不同阶段的人对待反馈的倾向性特点，以便我们更好地运用反馈与他人产生良性的积极互动，同时利用反馈主动调整我们的行为，使自己得以成长和发展。

处于投机者阶段的人会将别人的反馈——无论积极的还是消极的——视为对方射过来的箭，是对自己的攻击。当我们对一个处于投机者阶段的人反馈说“你这次干得不错”时，投机者心里的想法可能是：“哼！这还用你说吗？”当然，这是积极的反馈。如果反馈是负面的，如“你这次把事情搞砸了”，可能投机者会跳起来说：“这不关我的事，是……我才……”

所以，让一个投机者从自己身上找原因，基本上是不可能的，不但起不到积极作用，还可能招来他的怨恨。

处于遵从者阶段的人更愿意听到积极的反馈。遵从者更喜欢听到赞扬和欣赏，最不喜欢的可能就是“是的……但是……”句式。当听到有人夸奖“你这几点做得很不错……”时，遵从者会很高兴，可能会礼节性地回应一下，表示谦虚。但如果听到有人说“但是，在这几点……你还可以做得更好”，遵从者基本上就不再会去思考这个反馈可能存在的积极意义及其对自己改进调整的帮助了。

处于运筹者阶段的人会有选择性地接受反馈。他们更愿意关注与自己专业领域相关的反馈，但他们会先看反馈者的身份。如果反馈者是本专业领域的权威，运筹者会洗耳恭听，否则这些反馈对他们而言就是废话。运筹者不会特意考虑一个非权威人士给出的意见和建议，或者对这些人的反馈持怀疑态度。

处于成就者阶段的人对待反馈会更加包容和灵活。他们偏向于实用主义，只要是能帮助他们实现目标和结果的反馈，他们都有兴趣听听。他们不在乎反馈者的资历或是否具有权威性。但成就者对反馈也是有选择性的，他们只选择那些与目标和结果相关的反馈。

对重构者而言，反馈是一种自我成长和发展的重要手段和方法。通过反馈，重构者可以更加全面地认识自己和这个世界。所以重构者对反馈——不论是积极的还是消极的——持一种包容和接受的态度。同时，他们还有兴趣探讨为什么会有这样的反馈。他们在接到反馈后也会反思自己的行为，做出判断，并在此基础上调整自己。重构者能够通过接受反馈来不断地学习和改进。对他们而言，反馈是一次学习和改进的机会。

如果说重构者是在积极利用反馈发展自我，那么转型者会主动地寻求反馈。转型者不仅通过反馈改进自己的行为，还会通过主动寻求反馈，改变自己对世界的认知和看法。他们通过反馈，让自己的行为和意图与现实的环境及相关事情的变化方向保持一致。所以，即便没有人主动向转型者反馈，他们也会收集大家对自己的看法和反馈，并保持对大家反馈的好奇。

转型者在展示自己的影响力的同时，也会主动寻求反馈，并在这样的互动过程中，让自己与这个世界的变化保持同频，以跟上趋势并适度引领趋势。

对整合者来说，反馈就如日常的呼吸一般，有呼就有吸，有运用权力发挥影响，就有对应的反馈，这两者缺一不可。因为呼吸，整合者更具生命力；因为呼吸，整合者让自己与周边的世界保持连接和有效的互动。通过这样的呼吸，整合者让自己与世界融为一体，产生同频率共振。所以整合者对外界的变化非常敏感，能敏锐地觉察到世界正在发生什么，正在发生什么样的趋势性变化，自己在这里面处于什么位置，自己的变化会带来周边的何种变化。此时的整合者已与周边的世界融为一体，就如一个生命的整体。当整合者的身体、意识、行为合为一体时，在意图和意义的引领下，他们将对世界的发展产生根本性的影响。

权力影响与反馈就如硬币的两个面，有权力影响就有反馈；同时也如呼吸的两个动作，通过权力影响呼出能量，再通过反馈吸收能量，这样才能与周边的环境协同互动。

通常我们在提到反馈时，都会说要虚怀若谷，多倾听不同的声音，但实际做时很难，因为我们每个人都会受自己纵向领导力发展阶段的局限，我们都会站在自己的纵向领导力发展中心阶段去理解和运用反馈。

所以，同样的反馈，对不同的人作用是不同的，这一点在纵向领导力发展实践中特别重要。反馈是看到自己的局限性、发展自己的重要手段。

接下来我们就来看一个在纵向领导力发展实践过程中关于反馈的例子。

P 在某公司担任人力资源和行政事务总监。他谦逊、努力，愿意为大家着想，遇到问题时，他也会主动承担责任。每个下属都感觉他很会照顾大家，是一个好领导。

但是这么多年来，P 一直没有得到晋升。P 也努力争取过，但最后依然没有得到晋升。虽然他也经常参加高层的会议，但有一点是肯定的，凡涉及公司重大决策的会议，参会名单中不会有他。但决策完成后，他会被第一时间通知，因为很多重要决策在落实时都跟他的部门相关，他也是协助执行的重要人员。

其实对于这样的状态，P 及其总经理都是有怨言的。P 觉得这么多年了，自己积极要求上进，但依然没有得到晋升，也进不了公司的核心层。而总经理认为 P 听不进意见，还跟不上公司发展，只因为他是老员工，工作又努力，所以才一直把他放在当前的职位上。总经理希望 P 能有所改变，能听得进意见，跟得上公司发展的节奏，主动替总经理多操点心。

当 P 了解到总经理的想法时，他很惊诧，特别是对第一条“听不进别人的意见”表示不能理解。因为对 P 来说，他自认为别人说什么他都会认真倾听，甚至还在公司内部的一门关于倾听的课程中担任讲师。P 想不通为什么总经理说他听不进别人的意见。

我们为 P 做了一次纵向领导力发展阶段测评，结果是：P 的纵向领导力发展中心阶段是遵从者！

看到测评结果，P 很惊诧，显然他不是很接受这个结果，但是职业的素养让他还是愿意坐下来聊聊这个结果。

在与 P 的反思性对话过程中，我们能明显感受到他更喜欢听好听的话，对不中听的话表面上接受，实际内心很反感。

正是因为 P 对待反馈的态度让他在团队中只能听到赞扬声，很少听到不同的声音。在这种氛围下，P 发现自己一直在扮演一个好人，让所有人都觉得他是一个好人，一个完美的人，所以他对别人的批评置若罔闻。这可能也是总经理认为他听不进别人意见的原因。

此外，因为听不进批评的声音，也就没有改进，所以 P 所在部门的工作处于一种停滞不前的状态。虽然每次年度总结他都在总结问题，但第二年还是那些问题。所以总经理认为公司一直在发展，但人力资源行政部没有跟上公司的脚步。同时，P 每天都在操心如何演好自己，而无法真正打开自己，对总经理的要求关注不够。这让总经理觉得 P 操心的不是他所关心的事。

当 P 处于遵从者阶段时，对待反馈的态度相对不那么开放，收到反馈之后也没有及时地调整行动，所以在工作中与周围的人互动时，基本就进入了一种固定的模式，而这种模式显然不能满足一个发展中的组织的需要。在这种模式下，不论 P 多么努力，都无法得到组织的认可，而 P 这么多年来一直处于这种状态。

当我们做出了一些行动，影响了周边的世界时，周边的世界会相应地有一些反应，这些反应会通过一定的形式反馈给我们，就像我们扔出去的球会通过某种方式弹回来，我们接不接？用什么方式接？接了之后球又会告诉我们关于周边世界的一些什么信息？这一切都是我们对待反馈的态度。

同时，我们也要通过反馈更加全面、完整地了解周边的世界，以调整我们与周边世界互动的模式，只有这样，我们才能不断提高与周边世界互动的有效性。

以上四面镜子就是我们划分纵向领导力发展阶段的四个维度。

综合运用本章的四面镜子，你能看到什么？你现在能识别自己平时的行为更多地呈现出纵向领导力发展中哪一阶段的特征吗?

这四面镜子可以帮助我们清晰地识别自己的日常行为对应的纵向领导力发展阶段的特征。只有当我们能判断当下行为的纵向发展阶段时，我们才有可能采取与之对应的行为，影响接下来的一系列行为走向，进而影响相关事情朝着我们期望的方向发展。

在这个“知道”并“做到”的过程中，我们会呈现出不同的领导风格和影响力。这就是纵向领导力所要呈现的。纵向领导力不是某种特定的领导力方式，而是基于纵向发展理论，全面认知当下正在发生的事情，并灵活采用纵向领导力发展不同阶段对应的行为方式，有效影响相关人员，并影响事情发展的趋势，取得期望的结果。这是一种知行合一、多样化展示的领导力。

在这里需要注意的是，我们不能拿着四面镜子中的特征去生搬硬套相关行为特征对应的发展阶段，而要通过四面镜子感受所发生的事情，在一系列现实的场景中去理解某个行为或某组行为的特征，透过这些显现出来的行为去看到行为背后呈现的阶段性特征。

尤其需要注意的是，不要用某个行为或某组行为的特征给某个人贴上某个阶段的标签。人的行为是很复杂的，经过纵向领导力发展的刻意训练，我们可以很快识别出某个或某组行为呈现出纵向领导力发展的某个阶段的特征，但当行为的样本不够多时，我们很难判断某个人的纵向领导力发展中心阶段。

所以，千万不要轻易给一个人的纵向领导力发展阶段下结论，但我们可以识别某个具体的行为可能具备哪一阶段的特征，并以此为基础，站在更高的阶段看问题，采取更灵活的行动处理问题！

第3篇

突破纵向领导力发展瓶颈

导　言

前面两篇讲了纵向领导力发展适合什么情况、什么人，以及纵向领导力发展地图。接下来我们将论述如何发展纵向领导力。

知道纵向领导力发展"是什么"只是发展纵向领导力的开始，也是一个重要的基础。如果连纵向领导力发展地图都看不明白，又何谈纵向领导力发展的实践呢？

我们如果只停留在知道纵向领导力发展"是什么"上而不能有所发展，那我们就无法成为自己所期望的那个纵向领导力发展阶段的领导者。

在纵向领导力发展实践中，我们发现大多数人都停留在知道纵向领导力发展"是什么"的阶段。只有很少一部分人会探索"为什么"，在这部分人中，只有极少数人会考虑"做什么"，能做到的人更是少之又少。

对大多数人来说，即便对纵向领导力发展"是什么""为什么""怎么办"都了然于胸，纵向领导力发展也并不一定会发生。因为发展是一个实践的过程，它需要我们去经历，去实践，去体验，并不断调整自己的认知和行为。

另外，纵向领导力发展是一个充满不确定性的过程，我们会随时面临压力，这些都可能让我们停滞不前，甚至出现回退行为。

要真正实现纵向领导力发展，除了掌握纵向领导力发展的基本理论，还有四个要素缺一不可：明确的目标、清晰的路径、有效的方法、刻意的练习。

纵向领导力发展有明确的目标，即将自己的中心阶段向更高的阶段发展，实现阶段的跃升，并在处理问题时能在各阶段间自由流动，从而展现出更高阶段的领导力特征。但这样的目标并不是所有人都需要，所以在第 1 篇中我们重点说明了什么样的人更需要发展纵向领导力。

如果只明确了目标，并不一定能带来所期望的结果。我们还需要一条从当前状态通向未来目标的路径，也可以理解为我们需要一个通向目标的地图，所以在第 2 篇我们重点说明了纵向领导力发展地图，并帮助大家看明白这张地图。

有了目标和路径，还需要方法，有效的方法能帮我们少走弯路，尽快达成目标。所以第 3 篇主要讲述了在纵向领导力发展过程中会遇到的问题和有效的解决方法。

我们首先需要明白纵向领导力发展是怎么一回事，再掌握纵向领导力的方法理论，最后用理论指导我们的纵向领导力发展实践。这样的实践有目标，有方法，有理论，纵向领导力发展的结果才会事半功倍。

在纵向领导力发展过程中，关键不在于“知道”，而在于“做到”。在过去三年的纵向领导力发展实践中，我也走过一些弯路。但幸运的是，在纵向领导力理论的指导下，我又回到了正确的道路上，同时也印证了一些有效的发展纵向领导力的路径和方法。

接下来我们就一起来看一看发展纵向领导力的路径和方法。

第 7 章
历程——纵向变化之路

纵向领导力发展并不是一段愉快的旅行，而是一个艰难而痛苦的过程，也是一个化茧成蝶的过程。

很多人有发展的意愿，但实际做时，一遇到困难就半途而废。很多组织也会花很多的时间、精力和金钱投入到员工的发展中，但结果常常不尽如人意。

为什么会这样呢？

原因主要有两个：一是“改变”这件事太难了；二是改变的方法不恰当。

为什么改变很难？因为人体的自我稳定机制在保护我们的同时，也在阻碍我们发生改变。人类在发展的过程中有一种维持当下稳定性的力量，这种力量让我们在变化的过程中，在每个时间段都被定格。如果把人的发展比作一部电影，当下的稳定性力量将发展中的每一刻定格下来变成一张照片。我们的发展过程就是在每张照片铸就的历史中一帧帧地向前推进。这种自我稳定机制让过去的经历变成经验并转化为信念，从而成为我们的生存之道。

这种自我稳定机制在塑造自我、保障我们的生存时，有很大的积极意义。没有过往的经历，就不会有现在的自我意识，更不会有未来的构想。但历史在守护着我们的过去的同时，也左右着我们未来的选择。所以要想完全摆脱历史的影响开始一段新生活，还是很困难的。

罗伯特·凯根（Robert Kegan）在《变革为何这样难》一书中用了“变革的免疫系统”来比喻这种状况：“充分的保护、维持自身的力量，我们称之为免疫系统。”“这种现象本身不是坏事，相反，在大多数时候，免疫系统是好事，它极其智能的力量正在巧妙地保护我们，可以拯救我们的生命。每种变革免疫都可以被视为自身的一种优势和力量来源。”“然而在有些情况下，免疫系统会威胁到我们一贯良好的健康。当它排斥身体内部或外部的新物质，而身体又需要这些新物质来医治自身或维持健康成长时，该免疫系统会置我们于险境。”

所以，纵向领导力发展中关于改变的核心是：如何发挥“免疫系统”的积极作用，继承过去的优秀经验，在保障自我生存的同时，又能适应外部环境的变化，不断地随环境进化，改变自我，升级认知能力和心智模式。

改变虽然很难，但有章法可循，只是我们常常因为误判了改变所面临的问题的性质而采取了错误的方法，最终事倍功半，效果不佳。

哈佛大学肯尼迪政府学院公共领导力教授罗纳德·海费兹（Ronald Heifetz）认为改变将面临两种不同类型的挑战：技术性挑战和适应性挑战。

一般有明确的答案的挑战都属于技术性挑战，而超出当前认知的无解挑战属于适应性挑战。学习目标计划管理、掌握一门外语这些都属技术性挑战，这与前面提到的人的全面发展中的横向发展有关。如果一个人横向发展充分，其在处理技术性挑战时将更得心应手。

如何应对互联网技术发展的冲击、如何处理外部环境带来的发展变化等这类挑战属于适应性挑战，这与前面提到的人的全面发展中的纵向发展有关。处理适应性挑战需要更成熟而复杂的认知视角的变化。

罗纳德·海费兹认为，领导者犯过的最大的错误就是试图利用技术手段解决适应性挑战。人的全面发展是通过横向能力的发展解决技术性问题，通过纵向领导力的发展解决适应性问题。

在发展中，我们也常常用处理技术性挑战的方法去处理适应性挑战。最常见的就是面对职场环境的变化，我们不断地参加各种培训，或者在网上购买各种课程，以克服适应环境变化过程中的恐惧。大多数人想以知识、工具、经验、方法和技能的增加来应对环境的变化，最后发现并不能从根本上改变什么，这些努力并不能为他们更好地适应环境并完成个人转型发挥实质性的作用。

纵向领导力发展的实践是一个运用恰当的方法突破自我发展的过程。纵向领导力发展最终要解决的是领导力中的适应性挑战，所以其发展和改变的方式有自己的独特性。

要让改变顺利发生，纵向领导力发展过程中一般会经历几个关键的节点——“看见”“尝试”“做到”。这也是纵向领导力发展从无意识、无能力到有意识、无能力，再到有意识、有能力的过程。如果要达到无意识、有能力的熟练状态，则需要更多的刻意练习。

接下来我们一起来看一看纵向领导力发展要经历的几个关键节点。

1. 看见——全新的世界

纵向领导力发展始于觉察，起步于“看见”——“看见”自己，“看见”他人，“看见”这个世界。

这里的“看见”需要借助纵向领导力发展的不同阶段的空间和时间视角来看，特别是超越自己的中心阶段，站在更高的阶段，用完全不同的视角重新审视自己、他人和这个世界。

纵向领导力发展阶段不同的人看到的世界是完全不同的，这就像站在不同的高度，看到的世界可能是完全不同的，在山顶可以看到耀眼的阳光和壮丽的云海；在山腰可能看到云海中的一部分，还可以看到厚厚的云层及山脚下的倾盆大雨；而站在山脚的人只能看到大雨和乌黑的云层，甚至一点光明都看不到。当站在山顶的人谈论壮丽的云海和远处的山峰时，站在山脚的人却在为何时雨停而发愁。

纵向领导力发展的阶段影响着我们看待世界的方式，同时也过滤着世界传递给我们的信息。当纵向领导力发展阶段较低的人为当前环境的制约因素发愁时，那些更高阶段的人却在思考着如何创造未来，影响世界。

在实践中，当处于纵向领导力发展初级阶段的人有机会站在更高的阶段看一看当下的世界时，他们会充满欢欣和喜悦。因为世界还是这个世界，他们却看到了过去从未看到或未曾注意到的精彩。当他们能借助纵向领导力发展地图站在更高阶段看这个世界时，他们就会认识到不同纵向领导力发展阶段的差异，从而产生发展的愿望和动力。

“看见”的力量在于它可以让人们从不同的纵向领导力发展阶段去理解这个世界，而且更高阶段的人看到的世界更加全面而完整，更高阶段的视角能够帮助人们解决当前无法解决的适应性问题。

“与其辛苦爬楼，不如坐上纵向领导力发展的电梯！”Q 女士如此说。

Q 女士一直是一个积极上进、很爱学习的人。她相信学习可以改变命运，所以她报了各种培训班，每个周末只要不加班，都在各种线下课堂中度过。但周末孩子要上各种补习班，只能由丈夫带着去，所以丈夫怨气也挺大：“学这学那，也没见有什么长进，还不如周末多陪陪孩子！”Q 女士有时也很无奈，她感觉职场竞争压力很大，身处人力资源行业，各种新概念、新理论层出不穷，如果不学习，她总感觉自己跟不上。

Q 女士也是个认真的人，每次上课都记下一页又一页的学习笔记，看着笔记本上密密麻麻的课堂笔记，Q 女士很高兴，这都是学习成果啊！

但在学习这件事上，Q 女士也很苦恼，上了这么多课，课堂上讲的不少内容在工作中也用得着，但似乎自己有一个天花板，不管怎么努力，都突破不了，最后形成了一个怪圈：越突破不了越努力，越努力越突破不了；越恐惧越努力，越努力越恐惧！因为学习占用了大量的业余时间且看不到明显的效果，时间久了，丈夫也越来越不满。

如果你是 Q 女士，你怎么办？

从纵向领导力发展角度来看，Q 女士当前处于纵向领导力发展的什么阶段？

我们站在 Q 女士的视角来看，Q 女士现在看到的是自己的努力没有见效，大量的学习没有办法转化成有效的结果，丈夫不支持自己的发展，以及环境对自己的诸多限制。在 Q 女士身上，我们可以看到遵从者的影子。

从 Q 女士的现状来看，她面临的不是一个只要简单地增加知识、工具、经验、方法和技能就能解决的技术性问题，而是如何以新的视角来看待自己当下的处境，并在这种处境下解决自己的适应性问题。所以只有发展 Q 女士的纵向领导力阶段，才可能从根本上改变她当下的处境。

发展从具有一定觉察力之后的“看见”开始！

从学习这件事入手，我们可以“看见”遵从者，他们以他人为参照，看到别人都在学什么，或者看到哪些热门的课程与自己相关，就会不假思索地投入其中，最后仅满足于学习的过程。笔记本上记下的知识无法直接成为应用的工具并帮助他们达成目标。

运筹者会怎么看这事呢？一个运筹者可能通过不断的学习，让自己成为某个专业领域的权威，并以此赢得别人的认可与肯定。运筹者学习之后至少能输出知识、工具、经验、方法和技能，并运用它们解决自己面临的问题。

成就者会怎么看这事呢？一个成就者可能带有实用主义倾向，他希望所学的每样东西都有用，能产生价值，甚至会为了实现某些特定的目标去学习。例如，有人家庭关系不好，想改善家庭关系，就会找这方面的课程去学习，学了之后就会马上用，如果效果不好，就可能再找新的学习方式。总之，成就者会围绕目标来反向推导需要学什么。学就是为了用。

重构者会怎么看这事呢？重构者总是面向未来看当下，每次学习都是一次创造不同未来的机会，关键是如何运用好这些机会，创造出什么样的未来。对重构者来说，重要的不仅是运用好学到的知识，更是如何运用这些知识为自己的人生创造不同。

转型者会怎么看这事呢？对转型者而言，学习只是一个事件，有因也有果，这次学习事件是过去产生的结果，又是形成未来的原因。转型者会跳出事件本身，站在一个较长的时间线之外去关注如何利用好这次事件，把它当成推动人生向前发展的动力。

Q 女士在学习这件事上从纵向领导力发展的一个阶段过渡到另一个阶段，一步一步地往上走，站在更宽广的空间视角和更长远的时间视角，重新审视学习这件事，很快就明白了自己的局限性和需要发展的方向，所以才有了“与其辛苦爬楼，不如坐上纵向领导力发展的电梯”的感慨。

每个人当下都处于纵向领导力发展的某个特定阶段，我们会用特定阶段的视角去看待这个世界并形成对这个世界的理解。纵向领导力发展将带着我们不断地从更高的阶段去“看见”更大的世界，让我们知道这个世界除了我们当下看到的，还有更丰富的一面。这时候才可能唤起我们发展自我的好奇心，同时让我们看到一条清晰而明确的发展道路，从而开启纵向领导力发展的旅程。

只有先“看见”，才能产生改变的意识！

2. 尝试——新奇的变化

如果只是“看见”，并不能给现实生活带来实质性的改变，发展更是无从谈起。“看见”相对容易，特别是在我们理解了纵向领导力发展地图并经过教练指导之后。这就像在旅行的路上有一份旅行地图，还有一位好导游。但这段旅程是否能真正成行，还需要迈出步子去实践。

从知道转变为做到，是很难的一步，特别是当我们需要跨出自己安全而熟悉的领域去尝试新变化的时候。例如，说好了要早起，但每天早晨都会关掉闹铃继续睡；想好了要跑步健身，全套装备买齐后却再没有碰过它们；想努力减肥，不到一周就把计划忘到脑后了；制订了读书计划，书签卡在第十页就再没动过……

具体行为上的改变都如此艰难，更不用说纵向领导力发展这种抽象的转型了。纵向领导力发展的每一步都是在打破前一阶段的稳定状态的基础上逐渐向下一个阶段发展的。

就像学习游泳一样。我们想学会游泳，想像鱼一样在水里快乐地游动。但回想一下我们刚开始学游泳的状态：我们死死抱住游泳圈不放，如果旁边有教练，我们会紧紧抓住教练的手，教练松手那一刻，我们感觉自己会随时被淹死。松开教练的手，尝试与水建立关系是真正学习游泳的第一步。

纵向领导力发展就是在前一阶段的确定性和可控性的基础上，尝试接触新阶段所带来的不确定性，并在新的阶段形成新的可控性。纵向领导力从一个阶段发展到另一个阶段的最难之处在于跨越两个阶段的边界，那是人们意志最薄弱的时候。这时候是坚持奋力一搏，还是退回原来的状态，对任何人来说都是一个艰难的抉择。如何跨越这个边界对纵向领导力发展非常关键。

要想跨越纵向领导力发展每一阶段的边界，需要几个要素共同起作用。

首先是动力要素。动力要素主要源自两种力量，一种是向往未来的力量，即对美好未来的憧憬产生的力量，如减肥后的好身材、健身后良好的体能状态，以及其他实现目标后的场景。常用的一种教练技术就是激发人们对未来实现目标后的想象，从而产生改变的动力。广告业也常常运用视觉和声音唤起客户购买的冲动，特别是奢侈品广告，会让人们觉得只要拥有了这些奢侈品，就会像广告里的人物一样自信而充满魅力，从而激发购买的欲望。

当有了对美好未来的憧憬时，我们不再关注当下的艰难险阻，而是一心盯着美好未来的目标，努力改变现状，从而产生变化和发展。在纵向领导力发展中，“看见”也是一种激发动力的方式，只有“看见”更宽广、更丰富的世界，我们才会心生向往，才愿意尝试。

动力要素中的另一种力量是逃避痛苦的现状。对美好未来的憧憬产生的力量是主动向往，而逃避痛苦的现状的力量则是被动逃离，从人性的角度来看就是趋利避害。以广告行业为例，一般医药或保健品类广告喜欢利用人们的逃避心理，把人们不愿意看到的问题或痛点暴露出来，如牙龈肿痛、色斑、肥胖等。当这些让我们感到痛苦的东西被呈现出来时，我们会本能地逃离，从而做出改变的行动。只要能摆脱这些痛苦，我们愿意付出额外的努力。当环境发生变化时，大多数情况下都会给我们带来不适感，所以被动调整是纵向领导力发展中的常态。

当面临痛苦时，我们会本能地逃离，也许逃离的方向还不确定，但只要能早点结束痛苦就行。在这种情况下，我们会发生变化，但不一定会有发展。在纵向领导力发展实践中，很多人在发展了一段时间之后，在能够从更高的阶段看待过去之后，都会感慨地说：“回不去了！也不想回到过去了！”

除了向往美好的未来、逃避痛苦的现状这两种动力要素，要跨出尝试性改变的第一步，还有一个重要的要素，那就是行动。如果只有动力而不真正迈出步子，那就不会有什么发展。就像开车时，踩着油门但不放手刹，车就开动不了。

在纵向领导力发展过程中，就算我们掌握了纵向领导力发展地图，也知道更高阶段可能带给我们的不同，但如果我们不迈出尝试的步子，那什么都不可能发生，更别说什么发展了。

下面让我们一起来看一个案例。

R 与人合伙创业，但他与合伙人总是发生冲突，给彼此带来了困扰。两人都觉得这样不好，也正式或非正式地沟通过无数次，但冲突依然存在。要说彼此之间有什么成见或原则上的分歧，也说不上。要说两人有什么明显的差异，也就是 R 更关注结果的有效性，而他的合伙人更关注过程的精确性。读到这里，我们大致可以推测出，R 可能更偏向于成就者，而他的合伙人可能更偏向于运筹者。两者都只关注自己的世界，就像前面说的，一个人看到的是 6，另一个人看到的是 9。

R 在接触纵向领导力后，很快明白他们两个人的差异在哪里，以及公司为何运行效率低下。试想一个运筹者与一个成就者天天吵架，公司的效率能高吗？R 开始主动调整自己与合伙人的互动模式，不再与他争论谁的意见更好，而是与他探讨双方共同的目标，同时试图说服合伙人也了解一下纵向领导力发展。

但遗憾的是，他的合伙人认为自己就是这个领域的专家，现在不需要发展什么了，还是做好手头的工作才是正事。同时，R 的合伙人觉得 R 最近学习纵向领导力发展课程之后明显在使用某种套路，自己常常不自觉地就被套路了，谈话的主动权不知不觉就到了 R 手里。合伙人很不喜欢这种失控的感觉。

R 希望自己能向重构者发展，能够与更多的人一起合作，把事业做大。他也希望合伙人能不断地提升发展，否则这种状态将严重影响两人共同的事业发展。

R 觉得纵向领导力发展课程很好，能解释很多自己在管理中面临的问题，但真让他迈出步子向着重构者方向发展，他还是心有余而力不足。

R 正在进入纵向领导力发展的第二阶段——尝试改变。他在这一阶段的状态很不稳定。一方面，他能清晰地看到不同阶段的人的行为特征，运用纵向领导力发展地图识别各种情况；另一方面，在不同的现实场景中，他在展示纵向领导力各阶段的特征处理当下的情况时，结果时好时坏，更像碰运气。他在与客户沟通时，更容易从纵向领导力发展的高阶段识别当下的情境，经常突显重构者阶段的视角。他也可以轻松而自由地在不同发展阶段之间流动，用最合适的阶段处理当下所面临的问题。但在与合伙人的互动上，他总是退缩，完全没有在客户面前的那种超然而自由的状态。甚至有时为了不破坏彼此之间的关系，他会主动回退到遵从者状态，只要还能过得去，一切都以合伙人的意见为准，但合伙人没完没了地低效加班，还拖着团队一起加班，这让 R 很抓狂。

R 就是在这种偶尔有感觉、偶尔没感觉的状态中断断续续地前行，工作一忙，又回到原来的状态。重构者偶尔展现出来的瞬间美好无法成为他持续发展的动力，合伙人时不时地又让 R 仅有的一点发展希望破灭，但公司发展还算顺畅，R 与合伙人的关系也没到完全无法忍受的地步。

R 很久没有约教练了！直到有一天，我看到 R 在微信朋友圈里发了一大段牢骚话。当晚，我接到 R 的电话，在近半小时的时间里，R 都在吐槽。我问了他三个问题：你如何看待你与合伙人的关系？在这段关系中，你做了什么？在我们发展的这段时间里，你做出了什么改变？当 R 一一回答了这三个问题后，说了一句："发展自己太难了！"

"你要不要改变现状？"我又问。R 听到这个问题后沉默了很久，最后说了一句："从下周开始，我们还是每周坚持对话！我不能总是断断续续地发展。"

R 的状态常见于纵向领导力发展的第二阶段，这一阶段的重点是尝试改变。这是极不稳定的一个阶段。在这一阶段，刚刚“看见”纵向领导力发展地图的好奇、偶尔运用纵向领导力产生积极效果的兴奋、运用不好纵向领导力时产生的挫折，以及随着应用的深入需要走出舒适圈的艰难，都交织在一起，有兴奋、愉悦，也有郁闷和忐忑。在这一阶段，人们如果遇到环境压力，很容易产生回退行为，那种努力但无果的挫折感时常会出现。

纵向领导力发展的第二阶段是发展中跨越边界的关键时期。如果说第一阶段的“看见”只需要参加培训就可以实现，那么第二阶段就需要教练了。在纵向领导力发展中，教练的陪伴、支持、鼓励是帮助人们迈出改变第一步的关键支持性要素。

要度过尝试的关键阶段，需要教练更耐心地陪伴，及时发现发展中的亮点，不断增强发展对象的信心，同时给予必要的指导，提醒发展对象抬头看前方。就像学骑自行车，在新手还不熟练时，教练一方面要做好保护措施，另一方面要鼓励对方大胆尝试，还要提醒对方往前方看，而不是老盯着脚下，失去平衡。

纵向领导力发展在这一阶段需要教练的陪伴和支持，多看到美好的未来，偶尔回顾一下过去，时刻看到并调整自己的变化，在纵向领导力发展的路上持续前行。

纵向领导力发展的过程不怕慢，只怕“站”，只有迈开步子往前走，才有可能真正实现发展，并持续发展下去。

3. 做到——成功的体验

只是“看见”和“尝试”并不能让发展真正发生。唯有持续真正做到，才能带来信心和效能感，才能让发展变成一种习惯。

当经历了“看见”“尝试”两个阶段之后，大多数人开始稳定地呈现出更高阶段的特征，这时他们所看到的世界将完全不同。前面也提到，站在山腰和山脚的人看到的风景是完全不同的，体验也有很大的不同。站在山腰的人可以看到山脚发生了什么，但站在山脚的人很难理解站在山腰的人看到了什么。

同时，在纵向领导力发展中，每个阶段都是为后一阶段打基础的，所以我们对经历过的阶段或多或少都会有一些深刻的体验，并在发展过的阶段中留下一些痕迹，又或者发展了对应阶段的横向能力。

当我们发展到更高阶段时，我们在行动上可以根据现实中的场景，自由地运用自身所处最高阶段以下阶段的所有行为方法。越高阶段的人可选择的方法越多。例如，冲动者可能采取的应对方法比较单一，而对一个重构者来说，他可以表现出重构者以下各阶段的特征，所以为了应对当下的场景，他可以自由地选择用冲动者或成就者的方式。

当我们能在原来的发展阶段往上发展一个层级，呈现出更高阶段的心智模式和认知状态，同时能根据场景灵活应对时，我们才真正地发展了。这有点像我们常说的“知行合一”，纵向领导力发展的过程也是一个在不同发展阶段知行合一的过程。我们首先要知道更高阶段的特征是什么，然后要展现出该阶段的行为特征，同时还能根据具体的场景向更低阶段流动，以有效应对当下的情况。当我们真正能做到更高阶段的知行合一时，内心会有一种很强的效能感，这种感觉有点类似于登山，当我们登到更高处时，会一边欣赏着过去未曾见过的美丽风景，一边自豪地感慨：“我居然登了这么高！”

在纵向领导力发展的过程中，只有不停地做到，才能真正获得持续发展的动力。这种状态一直持续到纵向领导力发展稳定在更高阶段时才告一段落。

S 是一名出色的健身教练导师，因偶然的机会获得了运营一家健身机构的机会。S 工作很努力，但机构的经营状况一直不愠不火，营收情况也不是很乐观。同时，S 又因一门心思工作而影响了家庭关系。各种压力扑面而来。S 之前处于运筹者阶段，工作、生活上的压力令他身心俱疲。

在开始纵向领导力发展项目的前三周，S 非常兴奋。“我明白了很多道理，我的意识开始觉醒。我认为自己学到了很多东西，但是旁人根本无法看到我的变化。”他在阶段性回顾中写道。

当纵向领导力发展进入尝试改变的第二阶段时，S 回顾道：“在压力面前，我会时不时地回到运筹者阶段，简单的问题变得超级复杂，我甚至怀疑自己能力不足。”

当纵向领导力发展进入第三阶段时，S 回顾道：“在压力面前，我没有回退到原来的阶段，开始关注目标的进展和当前问题的解决方式。我对情绪有比较好的控制，很少出现失控和过度焦虑的现象。我目标明确，自律性变强，自我发展开始加速，从最开始的注重意识觉悟和目标转移到注重执行能力和行动逻辑。我养成了好的学习和工作习惯，为未来注入了更多愿景和情感，同时不断更新迭代自己的能力，对周围的事物和人的交互变得非常丰富，和四个月以前相比，可以说得到了跨越式的提升。”

通过 S 的回顾，我们可以更加直观地看到纵向领导力发展过程中“看见”“尝试”“做到”的状态。S 现在已经开始独立发展自己的事业了，并在纵向领导力发展的道路上自主前行。

纵向领导力发展是一个过程，但它有明确的结果导向，我们需要经历这个过程，并让发展对象体验发展之后的成功，这种成功体现在更加有效地影响身边的环境并实现自己的意图。所以，在经历纵向领导力发展并到达更高阶段之后的获得感，是激发发展对象持续发展的最强动力。

纵向领导力是一种能力，一种随着纵向领导力发展阶段的升级而不断丰富的领导能力，要发展出这种能力，需要经历“看见”“尝试”“做到”的过程。这也是一个自我蜕变的过程。当我们完整地经历过一次这样的过程，完成了纵向领导力的提升，实现了纵向领导力发展中心阶段的推移后，再向下一阶段发展基本就会顺理成章，因为再向下一阶段发展所经历的过程都是一样的，区别只在于发展的难度不同。这就如登珠穆朗玛峰，越往上登难度越大。

第8章
天堑——纵向领导力发展难以逾越的障碍

从理论上说，我们只要看见方向、路径、方法，尝试着改变，体验到成功并把它变成常态，我们就完成了发展。但是，在实际发展过程中并非如此一帆风顺。

在发展的过程中，我们不断用过去的经验比对眼前的现实，而过去经验所形成的信念常常会占据上风，影响着我们的行为和选择，这种影响有时会限制我们的发展。

当我们面临压力和困难时，常常会发挥失常。如果经常发挥失常，可能连基本维持纵向领导力发展的中心阶段的特征都难，更别说发展更高阶段的特征了。

经验形成的内在信念和外在环境带来的压力会不断干扰我们的正常发展，从而影响每个人的发展速度和节奏。下面我们就来看看这两个影响纵向领导力发展的重要因素。

1. 内在的声音——固有的信念

信念是我们对事物的判断、观点或看法。信念与观念相近，都是我们在过去的经历中形成的。

著名心理学家弗洛伊德认为，每个人都是过去的产物，是过去所经历和发生的一切事件的结果。我们的信念也是在过去的经历中逐渐形成的，但过去只代表已发生的一系列人生事件，它解释的是我们为什么成为现在的自己。

对纵向领导力发展来说，我们除了需要明白是什么样的过去铸就了现在的自己，更需要明确我们未来将成为一个怎样的自己。

前面提到纵向领导力的发展是一个不断打破前一阶段的稳定状态，建立新的阶段稳定性的过程。发展就是一个“稳定—打破—再稳定”的过程。过去的信念会让我们恐惧未来的变化，怀疑改变的可能性，特别是在纵向领导力发展过程中遇到压力的时候。当我们遇到压力时，本能反应是保护自己的安全，这时就会产生防御性行为。

心理学中的防御机制是调整自己与环境不协调的策略。所以，当遇到压力时，我们会本能地回退到自己熟悉而确定的模式中。当我们在发展中遇到阻力时，会本能地选择最保守和最安全的方式以自保。

我们在保护自己的同时，也阻止了自己的发展。特别是发展本身需要接纳和拥抱变化，但变化带来的不确定性会让我们非常恐惧。所以如何处理变化带来的恐惧、主动突破自己的保护圈，是纵向领导力发展过程中非常难以逾越的障碍。

内在的固有信念形成于过去，而我们的发展是面向未来，这对矛盾成为我们发展过程中的一个障碍。

个体心理学先驱阿德勒认为过去影响着我们对世界的看法，但真正影响我们的是如何看待过去，同时如何看待未来。

从纵向领导力发展的角度来看，我们的发展是一个继承发扬、不断实现自我突破的过程。过去就如历史，是个可以任人打扮的小姑娘，关键在于我们想如何打扮她，并从未来发展的角度来解释过去。

从纵向领导力发展的时间视角来看，大多数情况下，我们会无意识地往回看，看到过去经历中所形成的信念，这些都是确定的，让我们有安全感。而发展需要我们站在时间线上向前看，前方模糊而不确定，会让我们有不安全感。所以，内在的声音会基于过去的信念时不时地劝我们“算了吧”“放弃吧”“安全第一”！

T 30 岁出头，来自互联网行业，刚刚入职一家传统连锁销售企业，任总经理。公司希望他能把互联网行业的一些思维与公司的传统业务结合起来，以实现业务的高速增长。对 T 来说，能够独立操盘一家公司，并把它做大，对自己的职业生涯来说也算跨出了重要的一步。

刚开始那半年，T 发现这家新公司的经营模式和资源状况与自己过去所在的公司和行业完全不同，员工特性的差异也很大。他和同事之间沟通起来有些困难，各项事务的进展不尽如人意。

T 越来越焦虑，在他看来，这不是一个理想的组织，同事们的现状与未来发展的期望也不是很匹配。T 的同事也觉得与 T 缺乏沟通，彼此无法深入了解。

T 在工作中开始陷入一个死循环：团队不行，组织不行，所以做不好事，产出不了业绩；因为事做不好，业绩不行，所以更说明团队不行，组织不行。

在这样的情形下，他与纵向领导力发展教练发生了一段对话。

教练：“你在这种状态里看到了什么？”

T：“我在等待，等着理想的团队和理想的组织出现。”

教练：“还有呢？”

T：“等着现在的公司变得像我以前待过的公司那样……我好像发现问题出在哪里了。我还沉浸在过去的世界里，我其实很难应对现在的状况，所以希望回到过去那种工作环境。我只是在不断拿过去的工作来对比现在的状况，而不是改变现在的状况。过去的公司给我提供了好的团队和组织环境，而现在需要我自己来组建理想的团队并调整现在的组织。”

现实中很多管理者都会像T一样，用过去的经验所形成的信念来认知当下所面临的状态，从而让自己的发展陷入某种胶着的状态。

2. 打回原形——回退

纵向领导力发展的过程充满了艰难险阻！

除了过去的经验和由此形成的限制性信念在干扰和阻碍着我们的发展，现实环境的压力也会影响我们的发展。

现实环境有自己的发展规律，它不以人的意志为转移。当我们的欲求与现实环境有冲突时，就会给我们带来压力。当这种压力大到我们觉得应对起来有困难时，我们就会不自觉地回退到纵向领导力发展更初级的阶段以应对当下的环境。这是人的一种趋于保守的本能选择。这会让我们丧失发展的可能性。发展需要我们在应对环境的过程中不断向前，而回退会让我们消极回避，不断地退缩。

例如，在管理决策中，我们有自己的想法，但迫于上司的压力，我们会回退到遵从者的状态。如果长期处于这种回退状态，发展就会处于一种被压制的状态。慢慢地，我们就会越来越听不懂上司在说什么了。

回退随时会发生，从神经生物学的角度来看，回退也是人类大脑的一种机制反应。

神经生物学把大脑的结构从发育和进化的角度分为三层。

第一层以脑干为主体。从个体发育或从进化的先后顺序来看，脑干是最早形成的，也是最早发育的。它主要调节心率、呼吸、消化等，它的反应模式是被动应激反应。当遇到环境中的危险或压力时，它会调整神经系统，让我们的呼吸和心率加快，让血液更快地流向四肢，以便迅速做出战斗或逃跑的动作。但在极端情况下，个体会出现紧张性运动迟缓，让身体出现僵直状态。

在工作中，当我们遇到压力时，有些人会不由自主地呈现出攻击行为（包括口头和肢体上的）；有些人被上司训斥之后会大脑里一片空白，直到走出办公室才回过神来。这些退缩、逃避、僵直的生理现象都源自脑干的反应。这是一种动物性的本能反应，所以有人称这一层大脑为“动物脑”或“爬行脑”。

脑的第二层结构是以杏仁体和海马体为主的边缘系统。边缘系统是人类和其他哺乳动物所共有的，它主要处理和加工各种感受。它是我们内心世界与外部环境信息的交汇点，我们的情绪就来自这里。

很多人在看到、听到下属对工作提出反对意见或拒绝执行时，会有一种气血上涌的感觉，这就是边缘系统中杏仁体对眼睛和耳朵收集到的信息加工后形成的感觉，同时对这种感觉进行评估，并将评估的结果迅速传递到脑干从而形成身体的反应。工作中的兴奋、愉悦、愤怒等情绪都是由边缘系统产生的。所以我们称这一层大脑为“情绪脑”。我们的记忆功能也在这一区，所以快乐和痛苦的情绪都会被记录下来，在下次遇到类似情况时，它们就变成了评估依据，从某种意义上说，这是一种情绪经验。

杏仁体的情绪记忆会让人产生错觉，如“一朝被蛇咬，十年怕井绳”，但人不能因为被蛇咬了一次，连见到井绳都会做出“打”“逃”“僵”的身体反应。要让自己从过去被蛇咬的记忆状态中挣脱出来，需要海马体发生作用。如果说杏仁体是启动交感神经并推动肌肉行为的油门，那海马体就是刹车。海马体会根据当前的情况评估调整副交感神经的冲动，解除人的应激状态，“告诉”我们这只是井绳，不用担心。

大脑的第三层是大脑皮层，即通常说的左右脑。这个部分将我们的五感（视、听、味、嗅、触）接收到的信息进行加工，其中右脑更擅长加工情绪和感觉，左脑更擅长加工逻辑和分析。人的大脑有一种特殊的功能，即通过对感知的信息加工后形成思考、想象，并通过赋予其意义进行创造。

管理中的很多能力都是大脑皮层的功能显现。例如，我们遇到问题时，需要左脑的分析和逻辑能力；制定战略时，需要先激发右脑积极的情绪，对未来充满希望和产生创造未来的冲动，再用左脑制订周密的计划，同时在执行过程中不断调整。纵向领导力发展主要也是大脑皮层的功能显现。

从上述对大脑的描述中，我们似乎可以得出一个结论：大脑的第三层与我们实际管理工作的相关性更大。事实确实如此！但是，从大脑的三层结构形成和发育的顺序来看，大脑的第三层排在最后，而且在遇到压力时，这三层结构的反应速度和权限也不同。

第一层爬行脑是最古老、最基础的脑组织，权限也最大，它解决的都是人体生存层面的问题，遵循的是趋利避害的原则。它守护着人体，对任何风吹草动都保持警觉。所以，当遇到压力时，它的反应最剧烈，而基于第三层大脑功能的理性思考，这时候只能靠边站。所以当我们看到一些人做出丧失理智的行为时，基本可以判断是他们的“爬行脑”接管了身体的全部管理权，一切以身体安全和生存为前提，全身的资源都由其支配。

就算爬行脑暂时不发生作用，也不意味着我们就可以理性思考了，因为第三层与第一层之间还隔着第二层——边缘系统。边缘系统中的重要组成部分海马体要等到我们一两岁时才开始发育，所以第三层要发挥作用还得第二层的情绪脑“点头同意”。

第二层的情绪脑遵循的是追求快乐、远离痛苦的原则。它有时像个喜怒无常的孩子，不知什么事就会刺激到它不好的回忆，情绪瞬间变得很低落。

当我们在发展中遇到问题时，爬行脑和情绪脑会让我们回到应激处理状态，所有的与发展有关的想法都“免谈”。

所以，在纵向领导力发展中遇到压力时，我们可能会本能地被情绪脑支配，回退到记忆中最好的状态，即回退到自己过去最熟悉的阶段，甚至可能回退到被爬行脑支配的无认知状态，陷入“打”“逃”“僵”的模式。

不论回退到什么状态，我们都无法呈现出纵向领导力发展最高阶段的特征，发展更无从谈起。

内在固有的信念和外在环境的压力产生的回退将产生巨大的阻力，这种阻力随时会出现并影响我们纵向领导力发展的进度，也时刻影响着我们的选择——继续发展还是待在原地维持现状。

要真正实现纵向领导力的发展，我们还需要一些路径和方法，下一章我们就来谈谈纵向领导力发展实践中的一些有效方法。

第9章 捷径——纵向领导力发展顺利通关的秘诀

要想突破现有纵向领导力发展阶段的束缚，发展到更高的阶段，是有方法可循的。下面我们就来聊聊实践中常用的几个有效方法。

1. 绝地求生——高压的体验

前文说过，当我们遇到压力时，会产生回退行为。但压力是把双刃剑，如果运用得当，它能帮助我们发展。

当我们完全没有压力时，很容易陷入温水煮青蛙的状态，我们会待在舒适圈。从纵向领导力发展的角度来看，这是因为我们的发展阶段与环境相适应，所以没有发展的必要。但环境是变化的，没有哪种环境会一成不变。而且随着人类的发展和技术的进步，这种变化会越来越快。因此，对我们而言，主动发展自我和等待环境变化迫使我们被动发展成为两种不同的选择策略。

所以，发展是环境变化的必然要求。至于要主动发展还是被动发展是个人选择的结果。

如果想主动发展，可以主动设定具有挑战性的任务来人为制造压力，帮助自己跳出舒适圈。

压力在纵向领导力发展中的意义在于，当面临巨大的压力时，我们再用以前的经验和方法可能无法处理当前的状况，尤其是前面提到的那些适应性问题。这就迫使我们不得不跳出原来的心智模式，突破固有的信念，采用新的模式来看待当下的场景，并采取过去可能从未运用过的方式来处理问题。只有在这时候我们才可能打破固有的信念，产生纵向的发展。同时，创造力也在这个过程中产生。所以，我们也可以把纵向领导力发展视为一个不断创造新的自我的过程。

在管理实践中，很多管理者都通过“压担子”的方式来发展自己。这就是一种利用高压体验加速成长的方式。管理者人为地为自己制造环境压力，迫使自己在新情况下，打破固有思维，积极探索，产生新的认知和方法，从而形成发展。

从运筹者阶段向成就者阶段发展时更多地采用高压体验的方式。一般从技术骨干提拔到管理岗位时，可能面临从运筹者阶段向成就者阶段的转型。

技术骨干大多处于运筹者阶段，追求的是独立、专业。当他们成为管理者后，需要的是成就者导向，追求的是目标和结果。提拔之后的技术骨干会本能地用运筹者的方式去解决其面临的管理问题，如果解决不了，就通过加班或亲历亲为的方式处理。随着管理者工作范围的拓展，这些运筹者导向的管理者会发现自己疲惫不堪，根本无法按期完成任务。这时，一些人就会打退堂鼓，希望退回去继续做技术类工作，还有一些人会想着如何才能把工作做好又不这么累，慢慢地就发展出了成就者导向的视角，从此不再局限于所有的事情都做到最好，而是在达成目标的前提下倒回来看自己在技术上的应用程度，哪些该自己做，哪些该授权；哪些是重点，要抓紧做，哪些是非重点，做到 60 分甚至放弃都可以。环境资源有限、时间紧、任务重等压力倒逼管理者不得不把注意力从运筹者的关注过程和自己的表现，转移到成就者的关注目标和结果达成。

“压担子”这种发展管理者的方法是企业中常见的方法，实践中反馈效果也很好，只要没被“压倒”，很多管理者都能在较短的时间里脱颖而出。从纵向领导力发展的角度来解释，就是高压的体验促使管理者加速发展，提升其纵向领导力发展阶段，从而适应更有挑战性的环境。

然而，并不是每个人都能通过“压担子”发展成功。在实践中，我们发现从运筹者阶段发展到成就者阶段时，这一方式的有效性较高。如果将其用在遵从者阶段向运筹者阶段发展，回退和防御行为反而会增强，压力过大反而适得其反。此外，对发展愿望不强的人来说，压力会给其带来困扰甚至产生负面影响。

另外，人们对压力的理解也决定了高压体验是否能起到发展自我的效果。只有当我们意识到高压体验是一种发展自我、突破自我的手段时，我们才会理解压力的积极作用，并更好地利用它来超越自我。

在运用高压体验发展自我时，还需要关注限制自我发展的要素。正如前文所述，变革免疫机制既能保护我们，也会限制我们的发展。

U 在某公司工作十年了，一直负责技术工作。总经理很看重他，但又觉得他无论遇到什么事都不自己做决定，或者只是小声表达一下自己的看法，然后等着总经理做决策。另外，U 每次工作完成得都很细致，但项目总是延期，这会影响一些商业机会的获取。面对总经理的每次催促，U 总是以“要按工作标准执行”为由顶了回去，同时附带一大堆解释。总经理可没耐心听这些解释，他只想要一个明确的结果：什么时候能完成！

令 U 烦心的是，很多事请示了总经理后，总经理迟迟不给结论，这会严重影响他下一步的工作推进。

U 对自己的纵向领导力发展阶段测评结果持一种审慎接受的态度，虽然他很希望自己处于更高阶段，但遵从者后期、运筹者前期的中心阶段确实很符合他当下的状态。总经理看到 U 的测评结果后陷入了深思。他很清楚现在 U 的岗位有多重要，而且通过测评，他也明白了自己与 U 这么多年来为什么会有那么多磕磕碰碰。需要说明的是，总经理的纵向领导力发展中心阶段是成就者。

总经理与 U 深入地聊了一次，具体内容是什么我们不得而知。聊完后，U 看上去压力很大的样子，但从他在个人发展计划中制定的挑战性任务来看，他这次发展的决心很大。

在接下来的发展过程中，U 很努力，成就者的特征也日益凸显。有一天当被问到为何动力这么强时，U 说，总经理跟他的那次谈话对他触动很大，他决定孤注一掷："毕竟对我这种四十多岁的人来说机会不多了。这次定的任务其实远超我的预想，但我想搏一次，看自己还能不能发展起来，如果失败了，我也认了，但如果连试都不愿意试，那我将来肯定会后悔。"

后来我们才知道，总经理在那次谈话中把问题说得很严重："再不换思想就得换位置。"对 U 来说，这是他在管理上发展的最后一次机会，如果换回技术岗，对他将是一个沉重的打击，他在这个公司很可能待不下去，就算去别的公司，他也面临同样的问题，跳槽并不能改变他的纵向领导力发展阶段，相同的行为模式依然会在新的公司重复。所以这一次谈话可以说把 U 逼到了无路可退的境地。

说到这里，就不得不再一次提到关于纵向领导力发展与离职的关系了（虽然本书前面也提到过）。从实践来看，纵向领导力发展与离职无正相关关系，实现纵向领导力发展的人会主动改变现有环境中的不利因素，创造更好的结果，他们甚至把现实中不利的环境视为一种发展自我的压力和机会。最终，在他们的纵向领导力阶段得到提升后，一般都会得到进一步的晋升，或者公司会给予他们更大的机会。

对一个组织来说，也存在纵向发展的阶段性特征，有些组织会呈现出运筹者阶段的特征，这些特征是通过组织的文化显现出来的。例如，倡导“踏实肯干”的组织，大多数会呈现出遵从者阶段的特征；倡导“狼性文化”的组织可能呈现出投机者（短期主义）或成就者（长期导向）阶段的特征。

组织的纵向发展阶段同样需要与环境相匹配，以遵从者和运筹者阶段的特征为主的企业在面临市场竞争环境发生变化时往往难以适应。这时候就需要推动组织进行文化变革。

怎么变？

可以参考本书第 2 篇讲述的纵向领导力发展地图。纵向领导力发展是人类发展的一般性规律，小到个人，大到团队、组织，甚至人类的发展，都遵循其阶段性特征。

总而言之，合理地利用压力，可以促使个人、团队、组织向着纵向领导力的更高阶段发展。当然，如果处理不好压力，也会激发防御机制，从而让个人、团队和组织产生回退行为。这里的重点在于，面临压力时，我们能否指出明确的发展方向、路径和方法，让压力指向我们共同期待的方向。

2. 智慧火花——思维的碰撞

纵向领导力发展是一个发展出更加复杂的心智模式的过程。它让我们意识到，不同纵向领导力发展阶段的人从不同的维度将看到不同的世界，发展越往后期，看到的世界就越完整、越系统。

所以，我们可以通过一系列的手段和方法来更加全面、系统地了解自己和这个世界，从而促成自己的纵向领导力发展，并由“知”到“行”，影响这个世界。

除了使用高压体验的方式让自己打破以往固有的心智模式，我们还可以在实践中通过切换不同的视角，主动尝试以不同的视角、用不同的方式、从不同的来源获取信息，从而对自己及身边发生的事情产生更加完整和清晰的认识。这也是走出自我视角，更加多元、立体地理解世界的一条路径。

在实践中我们常常采用以下几种方法。

同侪反馈

同侪反馈，即主动征询同辈或同级别人员给予的反馈，看看从他们的视角能看到什么，并与自己看到和理解的进行比对，发现不同点，这些不同点就是我们认知的扩展空间。通过这种方式我们能更加全面地理解自己和这个世界。

一个人的视角毕竟是有限的，运用同侪反馈的方式，可以从更多人、更多面来了解自己与周边的世界。在实际工作中，我们可以时不时地与一些特定的同事形成相互反馈的机制。

需要注意的是，向同侪寻求反馈时，我们需要更多地理解别人是如何看我们和某些事情的，而不是向别人寻求答案，或者找到一种所谓正确的观点。同时，我们要建立一种尊重、安全、信任的反馈氛围，这样别人才更愿意把内心的真实想法说出来。每周或每月与特定或不同的人建立这样的同侪反馈机制，会让我们更加平衡和完整地看待这个世界，正所谓“兼听则明，偏信则暗”。

当然，接受反馈对我们来说也是一种向着纵向领导力更高阶段发展的训练。纵向领导力发展不同阶段对待反馈的态度参见第 6 章的“反馈之镜”。

尝试用不同的视角看问题

在纵向领导力发展过程中，我们可以通过不断切换自己的时间和空间视角从而看到所发生的事情的不同面，这样对事情的理解也会更深刻，从而在推动事情向前发展时更容易把握重点，行动有效。

我们还可以结合前面的同侪反馈，通过与利益相关人交流，更加清晰和完整地理解事件的具体状态。

例如，上级对下属所做的工作结果表示不满，这是一件事。

从时间维度来看，我们可以切换到过去的视角：过去发生了一些什么事，导致产生了这样的结果？我们也可以切换到未来的结果视角：上级想要什么？我们还可以切换到未来愿景的视角：在我与上级的互动关系中，我希望实现的状态是什么？我们还可以切换到跳出时间线的视角：这件事从何而来？当下发生了什么？未来将有哪几种走向？

从空间维度来看，我们可以从第一人称“我”的角度来看这件事；也可以切换到第二人称“你”的角度来看这件事；还可以切换到第三人称“他”的角度来看这件事；还可以用扩展的第三人称，从摄像头的位置来看这件事。

从权力影响的视角来看，我们可以从自己的影响角度来看，如“我就觉得上级是没事找事，必须怼回去”；也可以从遵从者的角度全盘接受上级的说法，马上改正；还可以与上级理论一番，说明产生这一工作结果的原因；还可以探询上级的期望到底是什么，以当前的状态为基础，确定未来的行动计划。

从反馈的角度来看，我们可以认为这是上级在鸡蛋里挑骨头；也可以认为上级只是个人想法，未必符合公司倡导的理念；还可以认为上级又没亲自做过这些工作，啥都不懂，就会瞎指挥；还可以认为上级这是在提醒我们，还有做得不好的地方，以后想办法改进；还可以主动向上级询问，到底是对哪方面不满，除了这些还有什么不满，以便我们调整和发展自我。

V 所在的公司主要做研发工作，他带领的团队中有 6 名核心成员，团队中经常暗流涌动，谁也不服谁，而且每次开会都是事故现场，都讨论不出什么结果，V 只好会后再与团队成员单独沟通，自己做整合，这种工作方式让 V 苦不堪言。

从纵向发展的角度来看，V 的团队呈现出来的特征是一个成就者带着一群运筹者。V 具有明确的方向感和目标导向。他知道自己要什么，但带着这群互不服气的运筹者，有时他也无计可施。讲道理没有用，每次 V 都不得不摆出“必须听我的”姿态才能把任务分派下去。V 有一多半的时间都花在调节团队成员的冲突上。V 说：“我感觉自己像个保姆，带着一群不听话的孩子，还得哄着他们干活！”

变化始于一次团队教练，当时教练要求 6 位团队成员“大吐槽”，将吐槽内容写在纸上，然后随机选择一位成员，双方互换身份，接着再吐槽一遍，同时以对方的身份寻找解决方案并写下来，然后将身份换回来，看看别人解决自己问题的方案是什么。在经历了这样一个身份切换之后，团队成员彼此之间深刻地感受到了对方的不容易，开始从别人的视角来看自己的问题。“我仿佛看到了一个镜子里的自己，有些行为我都觉得羞愧！”一位团队成员做完这个练习之后这么说。

当我们能从不同的位置和视角看待同一件事时，我们的心智将更加复杂而多元，这时候我们对事情的理解会更加全面、透彻。V 的团队通过一次思维角度的转换体验，打破了他们过去的沟通模式，再开会时，他们能站在对方甚至团队和组织的角度看待当下的问题，从而使冲突迅速减少。即便有时仍会发生冲突，但只要有人说“我们又在碰撞思维了”，相关人员就会有意识地放下自己的意见和想法，去听一听对方的观点。V 的团队现在也越来越趋向于成就者导向的状态，团队效能越来越高。

所以，主动训练自己从纵向领导力发展的不同阶段和维度看问题，可以帮助我们从更加复杂、全面、多元的视角看到问题的全貌，从而实现向纵向领导力的更高阶段发展。

关注和反思自己不喜欢的人或行为

通常我们遇到不喜欢的人或行为时都会持回避态度，这会让我们失去与这类人或行为相处的经验，渐渐地，这类人或行为就会成为我们的盲区。我们之所以会产生这种回避态度，从根本上讲是趋利避害的本性使然，但对我们每个人来说，可能是因为过去的成长经历产生的影响。

在纵向领导力发展实践中，我们常常在遇到以下三种情况时会产生这种回避的态度。

第一种是过去受过伤害。例如，过去被人用暴力对待，所以一看到别人使用暴力，就会本能地反感和厌恶。

第二种是过去没有经历过类似的事情，没有发展出应对此类事情的相关能力，所以遇到自己不擅长处理的事情时，会本能地回避。例如，从小没有怎么处理过冲突的人，缺乏处理冲突的经验，长大后对冲突会本能地回避。

第三种情况是过去的经历形成了自己的价值观。对与自己价值观不同的人，就如秀才遇到兵，有理说不清，所以就选择回避。

对需要发展纵向领导力的高级管理者来说，关注和反思自己不喜欢的人或行为，能帮助他们看到过去不愿意看到的方面，从而让自己的视角更完整。当我们处于纵向领导力发展的初级阶段，或者面临的环境相对稳定而简单时，这种盲区对我们的影响可能很小，一旦向着纵向领导力更高阶段发展，或者面临的环境发生变化且变得复杂时，这种盲区的影响就会被无限放大。就如平时脚上磨破点皮没什么太大的影响，但放到急行军的环境中，这就可能变成了生死攸关的大事。越是领导者，越需要正视自己的盲区，并减小自己的盲区，最大限度地减小它对自己的负面影响。

思维的碰撞可以为我们打开一扇新的大门。通过这扇门，我们将重新审视自己身边的世界，看见过去不曾看过的面，从而对自己所处的世界理解得更加深刻，看得更加明白，行动更加有效。

有些企业采用的后备领导轮岗制其实就是一种思维碰撞的认知能力提升训练，通过在不同的部门和岗位任职，员工看待企业的视角会更加完整而全面。

3. 内观自变——认知能力的提升

关于纵向领导力发展的路径，前面提到了高压的体验，它可以让我们突破原有的心智模式；也提到了思维的碰撞，它可以让我们看到不同视角的差异之处，打破自己原来对世界的认知局限。这两种方式相对而言是通过由外而内的方式促成我们的纵向发展变化的。

接下来我们谈谈纵向领导力发展的第三条路径——内观自变，通过一些自我训练唤起内在的觉察，由内而外地突破自己的纵向领导力发展阶段。具体方法有以下几种。

大师之路

“大师之路”是指以那些已被历史证明的典型人物作为研究和效仿对象，站在他们的视角去感受当时所面临的情境，体验他们在那种重要的转折时刻做出决断的过程，并从中理解他们是如何看待当时的世界的。这里最重要的不是学习他们做了什么，以及他们是如何做的，而是理解他们是如何看待当时所面临的情境及自己的选择的。

从纵向领导力发展的角度来看，我们更关注的是这些人物当时看待自己所面临的情境的视角。从某种意义上说，我们是站在巨人的肩膀上，尝试着从巨人的视角来理解当时的世界及接下来的行动，再把这种体验和过程放到自己当下面临的情境中来体会和应用。这是一种内在智慧的迁移。就像我们进入了巨人的内心，与他们一起经历其所经历的那段历程，并在这个过程中体会他们的心智模式。

使用这种方式最简单的方法就是读人物传记或他们的个人著作，在传记和著作中理解当事人在特定历史时刻的所思所想。例如，读丘吉尔的自传《我的青春》，我们可以从字里行间理解他是如何成长起来成为一代人杰的，以及他是如何伴随大英帝国的崛起，并在第二次世界大战期间做出拒不投降德国的艰难决策的。我们可以了解到，在当时的至暗时刻，是什么让他坚持到底。我们需要理解他是怎么看待当时的世界的，他又是怎么行动的，产生了什么结果和影响。同时再结合别人写的《丘吉尔传》进行印证，从而更加全面地了解丘吉尔这个杰出的历史人物。

使用这种方法最大的好处是很多事情已经发生，可以看到结果。所以，历史人物为我们提供了纵向领导力发展的案例和样本。通过研究和了解历史人物如何发展自己，找到其中的内在规律，再结合自己所面临的环境，加上纵向领导力发展地图，我们就能在纵向领导力发展的道路上走得更快。

有些企业采用的导师制其实就是一种很好的大师之路的变形。但很多企业的导师只起到了横向经验传承的帮教作用，而没有发挥出其在提升指导对象纵向领导力发展方面的作用。因此，在使用导师制时，我们需要确保导师具备一定的纵向领导力发展基础，这样他们就能从横向经验和纵向认知两方面全面发展下属。

正念冥想

纵向领导力发展始于觉察，没有觉察，后面的认知、评估、判断、行动、结果都不会发生。觉察是大脑的一种功能，基于我们与外在环境之间的关系可以分以下几个层面。

首先，从我们与环境接触的边界来看，我们的觉察始于眼观、耳听、鼻闻、舌尝、身触这五种觉察方式对应的视觉、听觉、嗅觉、味觉、触觉这五感。我们通过感官接受环境的刺激，形成对世界的基本认识。每少一种感觉，我们对世界的理解就会缺失一块。例如，没有了视觉，我们就会对颜色、形状失去知觉，当五感尽失，我们就无法与周边的环境互动。

所以，如果我们不主动去感知世界，就很难有效地与周边的世界产生互动。在管理中，如果我们不主动去现场看看发生了什么，不听听来自不同渠道的声音，那么我们得到的信息一定会有局限性，接下来的管理行为一定会走偏。

每个人在五感的敏感性上都是有差异的。例如，音乐家能听出旋律中错误的音符，而一般未经训练的人就无法听出来；好的厨师对甜、咸这些基本的口感会非常敏感，甚至能分辨出不同程度的甜和咸，一般人则做不到。这种感觉上的差异有先天的因素，也有后天训练的影响。对纵向领导力发展而言，我们关注的是后天如何训练并提升五感的敏感性和敏锐度。

在纵向领导力发展过程中，有位高管曾经这么说："平时各种事情的干扰，让我感觉自己置身于浑水之中，当我保持所有感官的敏锐觉察时，好像水中的杂质瞬间都沉底了，整个人变得通透而清澈。"

那么，如何才能做到这一点呢？

让我们先把觉察的几个层面了解清楚，再来谈具体的训练方法和原理。

其次，在运用五感收集到关于周边世界的信息之后，我们需要通过思维、记忆、想象来加工这些信息并将其转化为判断和决策，以决定以何种方式与周边的环境互动。这也是大脑的基本功能。

功能失调可能会带来一些精神或神经上的问题，从而产生与环境不协调的行为。虽然大多数正常人不至于失调到那么严重的程度，但出点偏差是常事。即便功能正常，在信息加工过程中出些偏差也是常事。生产制造行业的朋友都知道，生产线上时不时会出些问题，即使六西格玛也有百万分之 3.4 的缺陷率，所以在信息加工过程中出现偏差是不可避免的。再加上个人的情绪状态、认知能力、经验及个人偏好的差异，在信息加工过程出现偏差的概率就更大了。在管理实践中，我们常常看到一种现象——“听而不闻，视而不见”，就是说有些问题领导已经说了，但员工就像没听过一样；对显而易见的问题，员工看到了也只是一划而过。这可能是因为他们关闭了信息加工的过程。

出现偏差不可怕，毕竟这是一种常态；关闭加工过程也不可怕，毕竟在实际工作中这也常常发生。但如何管理自己的加工过程，让整个加工过程处于一种被监控、被评估、可预测、可调整的状态，对纵向领导力发展来说就很重要了。因为只有对加工过程进行管理，我们才可能不断地调整、改进，让加工过程更加高效，同时加深对加工过程的理解。这种对加工过程主动管理的能力也是纵向领导力发展训练所关注的重点。这需要我们不论在什么情况下，都将信息的加工保持在一种觉知和随时可以主动调整的状态。

几乎所有参与过纵向领导力发展的高管都提到，经过一段时间的发展，他们更能抽离地看待当下发生的问题，与此同时也能清晰地看到自己的思维过程和状态，并及时调整自己，不被问题带走或深陷其中。而且随着纵向领导力发展的深入，这种能力越来越强。

这是一种觉知的状态！

最后，关注我们的体验。体验是由情绪、身体反应和主观感受组成的。体验会唤起我们最原始的本能反应。前面的感觉和信息加工的过程我们都可以理性对待，体验感秉承的是趋利避害的原则，更关注身体和情绪最原始的快感。所以在它的主导下，我们会做出一些非理性行为。例如，我们都知道想减肥就要管住嘴、迈开腿，但身体对甜食的渴望、沙发的舒适会让我们躺在沙发上一边看着减肥视频一边吃冰激凌。

如何将外在的感受和内在的体验合二为一，并不断提升信息加工的效率，让我们的身心追随内在的意图，不断与周围的世界进行有效的互动，从而实现每个人的高质量生存和可持续发展，这些对我们每个人来说都是巨大的挑战。

每个参加过纵向领导力发展的人都会对自己的情绪反应、身体感受变得敏感。当我们身处变化的、不确定的复杂环境中时，这种敏锐的觉察会让我们保持一种清醒和觉知的状态。在这种良好的状态下，我们能够管理好爬行脑和情绪脑，更有信心和力量去调整环境，走出困境，改变世界。

觉察始于五感，发生于思维运行的过程，终结于体验。我们平时容易陷入各种事情之中，一个很重要的原因就是觉察不够敏锐，不能及时调整自己的行为，也无法摆脱负面体验的控制。所以我们需要训练觉察力。而强调身心合一、安在当下的正念冥想则是一种理想的提升方法。

正念冥想最早是一种禅修技法，被瑜伽练习者广泛应用。它可以帮助修行者进入一种中立的“入定”状态，人在这种状态中身心合一，从而产生觉知和智慧。近些年来，一些心理学家和社会人士也开始尝试用这样的方法摆脱负面情绪，提升幸福感和机体免疫力。医学临床上也将其用于心因性疾病的辅助治疗。总体来说，正念冥想的宗教色彩逐渐淡化，特别是与现代心理学结合后，它越来越成为帮助普通人提高精神生活质量的一种重要方法。

关于正念冥想的课程市面上有很多，五花八门。但不管形式如何，正念冥想的关键不在于有没有引导音乐、是不是需要沐浴更衣、要不要做足仪式感，而在于收摄心神，让注意力集中在一点上，如呼吸，特别是吐气；也有一些方法会教人们将注意力集中到下丹田处（肚脐以下三指处）。无论什么方法，其目的其实都是让我们把注意力附着在某个点上，慢慢地忘却周边的影响，让自己沉静下来，就如前文所说，当我们静下来时，水中的杂质就会自然沉淀。这时我们将更清晰地看到这个世界，并能透过表面的现象看到背后的本质。

在实践中，有些朋友会问：我得想多久？我得怎么坐？我能不能躺着？对于这些问题，没有一个标准答案。笔者根据自己十余年的瑜伽练习经历，分享给大家一些经验。

在刚开始练习时，不要太久，15 分钟就好。然后就全身心地投入到正念冥想中去。等后面习惯了，想多做一会儿就多做一会儿。千万别勉强，因为正念冥想是一个感受拈花微笑的过程，是一个感受自我的过程，而不是一个比赛看谁能坚持最久的过程。

不建议躺着，因为躺着太容易睡着。我们可以选择坐在凳子或椅子的前三分之一处，最好大腿与小腿呈 90 度，腰背与大腿呈 90 度，抬头、挺胸、收腹、垂肩，双手自然放在大腿上，双目微闭，舌顶上腭，注意力放在呼吸或下丹田处，自然呼吸。

纵向领导力教练

要想加速内观自变并提升觉察力，同时加速纵向领导力发展，聘用一名专业的纵向领导力发展教练也是一种有效的方式。

为什么需要请专门的教练?

不同的人对这个问题可能有不同的回答。我们可以从健身教练来这个角度来理解这个问题。

我们想健身，想让自己的身材更有形，身体更健康，体能更好，我们会怎么办？

首先，我们可以找正在健身的朋友了解一下他是怎么做的，再找些书或资料来试着做，这种自己摸索的方法会导致走弯路。专业和业余的最大区别就在于专业的人知道弯路在哪里，也知道怎么绕开；而业余的人会走过一条又一条弯路。在这个过程中，时间、效率、精力都是巨大的成本。

其次，我们可以向专业的朋友请教。不过，虽然专业的朋友可以为我们带来更具针对性的建议，但我们在实际应用时可能会因为不得要领而效果不佳，半途就放弃了。越难的事可能放弃得越快，我们可以回想一下自己有多少想做的事都因为太难做而放弃了。另外，请教的前提是自己有些问题想不明白，这会导致我们想到哪里就问哪里，非常缺乏系统性。还有，请教的时间是有限的，而且请教的次数多了，对方也会受不了，毕竟对方的时间也很宝贵。

最后，找一名好的教练，指导自己练习，不断给予反馈并陪伴自己成长。教练可以在我们不懂的时候给予指导，在我们走偏的时候给予及时纠正，在我们面临困难时给予鼓励，在我们取得成果时给予赞赏。教练就像一面镜子，能让我们看到自己的优势和不足，看到自己的突破和变化的可能性；教练还会像催化剂一样，加速我们的发展，同时永远像指南针一样指向我们要发展的方向。

纵向领导力教练的核心价值在于帮助我们加速纵向领导力发展，并提高纵向领导力发展的效能。

相比一般的高管教练，一个好的纵向领导力教练需要满足很高的要求。

首先，纵向领导力教练自己要有极强的觉察力。他能敏锐地看到发展对象的状态及可发展之处，同时对自己在发展中扮演的角色和作用有清晰的认识，不断地审视和评估发展对象的变化及教练干预手段的有效性。这种基于觉察力的迅速调整能力在每次教练对话中将发挥重要的作用，特别是在纵向领导力发展的前期。

其次，纵向领导力教练要非常熟悉纵向发展理论，能从不同的发展阶段解读发展对象所描述的事情，并当即展示给发展对象，同时使其拥有体验感。例如，让发展对象明白，针对同一件事，运筹者会怎么看，怎么做出行动；成就者会怎么看，怎么做出行动；重构者会怎么看，怎么做出行动。换句话说，教练应能使教练对象迅速理解，处于不同纵向领导力发展阶段的人在看待和处理同一件事上展现出来的差异。在发展过程中尤其重要的是，教练要能看到发展对象对当前事情的认知处于什么阶段，以及从更高的一个或两个阶段怎么看这件事；如果发展对象产生回退行为，他们会有什么反应。这些都要求教练熟悉纵向领导力发展理论并能将其灵活地应用于发展他人。

再次，纵向领导力教练要有极强的角色切换能力。在纵向领导力对话中，纵向领导力教练可能需要随时扮演不同的角色。有时，纵向领导力教练可能扮演讲师的角色，补充一部分纵向领导力发展的理论知识，因为发展对象必须非常熟悉纵向领导力发展理论，才能自我识别、自我调整，从而呈现出更高发展阶段的特征，只有当这种特征稳定后，我们才能看到发展对象真正的变化。

有时，纵向领导力教练可能需要扮演顾问的角色，与发展对象分享一个发展中的经验和事件，并提出建议，为发展对象提供抓手。注意纵向领导力教练只是提供抓手，并不提供拐杖。因此，纵向领导力教练需要在教练的过程中时刻把握好自己与发展对象的边界。

有时，纵向领导力教练可能需要扮演心理咨询师的角色，疏导发展对象的情绪，帮助他找到自己行为背后的原因，并做一些简要的分析。需要注意的是，如果发现发展对象精神上有异常，需要及时反馈给发展对象，并及时将其转介给专业的心理咨询师。

纵向领导力教练要时刻牢记自己是教练。讲师、顾问、心理咨询师等都是临时的角色，或者说是为了更好地推动发展对象的发展而采取的临时性措施。当发现自己在某个角色上已经发挥了足够的作用，成功地支持了发展对象的发展时，纵向领导力教练可能需要向发展对象说明自己的观察和发现，并与之探讨，最终由发展对象自己决定是否需要专业角色参与进来。

最后，纵向领导力教练本身就是在学以致用，在管理场景中践行纵向领导力发展理论。从过去的纵向领导力发展实践中，我们发现教练只有自己经历了发展的艰难过程，才更容易理解发展对象所面临的挑战和困难，才不会脱离实际而空谈纵向领导力发展理论。

总之，我们要想真正实现内观自变的状态，需要潜心理解大师之路，通过正念冥想让自己处于敏锐觉察的状态，再经过纵向领导力教练的点拨，发展起来才会事半功倍。

纵向领导力发展是一个突破自我、不断打破原有的稳定性、持续拥抱变化，并在更高的发展阶段形成稳定性的过程。在这个不断攀登认知高峰的过程中，我们逐渐从更高的发展阶段，用更加复杂的心智模式去理解环境的复杂性和世界的变化性，并在不确定性中构建确定性，同时根据当前的环境灵活运用不同阶段的视角和行动，去实现自己内在的意图。

纵向领导力发展需要真正把心智模式的层级性与行为的有效性结合起来，在更加复杂、变化、不确定的环境中做到知行合一。

我们希望通过纵向领导力发展，让每个有需要的人都能成功迈向更加复杂的心智层级，并在行为上能在各个层级之间流动，让自己真正成为一个灵活、开放、包容、通透的人，从而影响和激励更多的人去创造新的世界。

后　　记

人生中第一次写下这么多文字，我的内心其实充满了忐忑。由于纵向领导力涉及面太广，在本书的撰写过程中，难免会有疏漏。而从一个成就者的视角来看，写出这本书才是最重要的，它代表了我对自己这几年纵向领导力实践的一个总结，也代表了我向更高的纵向领导力发展阶段发起的一次挑战，还代表了我鼓足勇气在纵向领导力发展领域的一次深入探索。

不管怎样，本书的出版对我来说也是一次高压体验的历练。随着实践的深入，本书的内容也会不断修正。我希望在未来新的版本中不断完善并为读者提供更有价值的信息。因此，非常欢迎大家就本书的内容提出宝贵的意见和建议，并希望与大家一起交流探讨。

纵向领导力发展实践在中国还是一个新的领域，该领域体现了对人的全面关注、支持他人成长发展、通过个人发展影响身边的世界，这些理念深深地吸引了我。我希望能与一大批愿意致力于个人、团队、组织可持续发展的朋友，共同深耕于这个领域，共同将理论应用于实践，再将实践的经验反哺理论，以帮助人们更加深刻地认识到人的发展和人类的发展中蕴藏的内在规律。同时，通过对这些规律的深刻理解和运用，帮助更多的个人、团队和组织实现可持续发展，并最终推动社会的发展和进步。

参考文献

[1] 米歇尔·德·哈恩，马克·H. 约翰逊. 人类发展的认知神经科学[M]. 刘一，李红，译. 杭州：浙江教育出版社，2017.

[2] 简·卢文格. 自我的发展[M]. 韦子木. 杭州：浙江教育出版社，1998.

[3] 罗伯特·凯根. 发展的自我[M]. 韦子木，译. 杭州：浙江教育出版社，1999.

[4] 库尔特·勒温. 人格的动力理论[M]. 王思明，叶鸣铉，译. 北京：北京理工大学出版社，2014.

[5] 大卫·J. 威廉. 心理治疗中的依恋——从养育到治愈，从理论到实践[M]. 巴彤，李斌彬，施以德，杨希洁，译. 北京：中国轻工业出版社，2014.

[6] 陈海贤. 了不起的我——自我发展的心理学[M]. 北京：台海出版社，2019.

[7] 罗伯特·凯根，丽莎·拉斯考·拉海. 变革为何这样难[M]. 韩波，译. 北京：中国人民大学出版社，2010.

[8] J. H. 弗拉维尔，P. H. 米勒，S. A. 米勒. 认知发展[M]. 邓赐平，刘明，译. 第四版. 上海：华东师范大学出版社，2002.

[9] 布鲁斯·胡德. 自我的本质[M]. 钱静，译. 杭州：浙江人民出版社，2020.

[10] 莫里斯·布洛克. 人类学与认知挑战[M]. 周雨霏，译. 北京：商务印书馆，2018.

[11] 保罗·萨伽德. 心智：认知科学导论[M]. 朱菁，陈梦雅，译. 上海：上海辞书出版社，2012.

[12] 林崇德．发展心理学[M]．北京：人民教育出版社，2009.

[13] 肯•威尔伯．整合心理学：人类意识进化全景图[M]．聂传炎，译．合肥：安徽文艺出版社，2015.

[14] 亚伯拉罕•马斯洛．动机与人格[M]．许金声，等译．第三版．北京：中国人民大学出版社，2013.

[15] R．J．斯腾伯格．超越 IQ：人类智力的三元理论[M]．俞晓琳，吴国宏，译．上海：华东师范大学出版社，2004.

[16] 张雅明．元认知发展与教学——学习中的自我监控与调节[M]．合肥：安徽教育出版社，2012.

[17] 贾宁，等．学习情境中的元认知[M]．北京：科学出版社，2017.

[18] 罗伯特•J．斯腾伯格，埃琳娜•L．格里戈连科．成功智力教学——提高学生学习效能与成绩[M]．丁旭，盛群力，译．第二版．宁波：宁波出版社，2017.

[19] 罗伯特•霍根．领导人格与组织命运[M]．邹智敏，译．北京：中国轻工业出版社，2009.

[20] 郝瑞，陈慧都．生物自主进化论[M]．大连：大连出版社，2012.

[21] 罗宾•邓巴．人类的演化[M]．余彬，译．上海：上海文艺出版社，2016.

[22] 费罗迪．才经[M]．谢逸群，译．北京：东方出版社，2008.

[23] 林光明，饶晓谦，冯昀．领导力基因——为什么别人愿意追随你[M]．北京：机械工业出版社，2015.

[24] 任建平．自变——迈向自变的人生，成为自变的领导者[M]．上海：中国出版集团东方出版中心，2019.

[25] 珍妮弗•加维•贝格．领导者的意识进化——迈向复杂世界的心智成长[M]．陈颖坚，译．北京：北京师范大学出版社，2017.

[26] 约翰•P．科特，丹•S．科恩．变革之心[M]．刘祥亚，译．珍藏版．北京：机械工业

出版社，2013.

[27] 约翰•P. 科特. 领导变革[M]. 徐中，译. 珍藏版. 北京：机械工业出版社，2014.

[28] 马歇尔•古德史密斯，马克•莱特尔. 自律力：创建持久的行为习惯，成为你想成为的人[M]. 张尧然，译. 广州：广东人民出版社，2016.

[29] 泰瑞•贝克汉姆. 人才管理手册[M]. 曾佳，等译. 北京：电子工业出版社，2017.

[30] 刘伟师，睿奇•威林思. 人才管理圣经[M]. 上海：上海远东出版社，2013.

[31] 威廉•白翰姆，奥德丽•史密斯，马修•皮尔斯. 培养接班人——如何发掘、培养及留任企业精英人才[M]. 费书东，译. 上海：上海远东出版社，2015.

[32] 埃伦•范•韦尔索，辛西娅•D. 麦考利，玛丽安•N. 鲁德尔曼. CCL 领导力开发手册[M]. 徐中，胡金枫，译. 第三版. 北京：北京大学出版社，2014.

[33] 丹尼尔•平克. 驱动力[M]. 龚怡屏，译. 北京：中国人民大学出版社，2012.

[34] 兰斯•A. 博格，多萝西•R. 博格. 人才管理[M]. 北森人才管理研究院，译. 第二版. 北京：中国经济出版社，2012.

[35] 伊莱恩•碧柯. 美国培训与发展协会领导力开发手册[M]. 徐中，占卫华，刘雪茹，译. 北京：电子工业出版社，2012.

[36] 道格拉斯•D. 里德尔，埃米莉•R. 胡尔，伊丽莎白•C. D. 格莱特. 美国创新领导力中心（CCL）组织教练手册[M]. 林菲，译. 北京：电子工业出版社，2017.

[37] 尼克•奥博伦斯基. 未来领导力[M]. 苏雪梅，王宾，译. 北京：人民邮电出版社，2017.

[38] 拉姆•查兰，斯蒂芬•德罗特，詹姆斯•诺埃尔. 领导梯队——全面打造领导力驱动型公司[M]. 徐中，林嵩，雷静，译. 北京：机械工业出版社，2011.

[39] 罗纳德•海菲兹，马蒂•林斯基. 火线领导——驾驭变革风险[M]. 张慧玉，译. 北京：机械工业出版社，2019.

[40] 詹姆斯•M. 库泽斯，巴里•Z. 波斯纳，伊莱恩•碧柯. 培养卓越领导者的教练指南

[M]．黄学焦，胡丹，李鹏，译．北京：电子工业出版社，2013．

[41] 大卫 • 诺瓦克．超级领导力[M]．喻海翔，李飞林，译．北京：北京联合出版社，2012．

[42] 大卫 • V．戴，约翰 • 安东纳基斯．领导力的本质[M]．林嵩，徐中，译．第二版．北京：北京大学出版社，2015．

[43] 德鲁克，等．自我发现与重塑[M]．刘铮筝，等译．北京：中信出版社，2015．